青空と文字のあいだで

白石嘉治

新評論

いなげ
眼科 歯科
危険
とび出し注意!

はしがき

コンクリートの瓦礫が散乱し、六法全書が何冊も打ち捨てられている。現代美術家の会田誠によるインスタレーション《セカンド・フロアリズム宣言草案》（「会田誠展 GROUND NO PLAN」二〇一八年二月）である。法もいらなければ、二階建てより高い建物もいらない。会田は文明の破綻をみすえているのだろう。じっさい文明とは、法を策定しつつ、われわれを巨大建築の建造へと動員する奇妙な意思である。古代はカミの支配のもとで、近代はヒトの支配のもとで。そしてときに「人新世」ともよばれる産業革命以降は、皮肉にも「人」ではなくモノの支配のもとで。

だが、今世紀のはじめに世界貿易センタービルが倒壊する。さらには原発が爆発する。あるいは高層住宅が叢生する中国からパンデミックが発生する。破綻の徴候はあきらかである。おなじことは、法についてもいえるだろう。そもそもこの数十年にすすめられてきた「規制緩和」とは、法そのものの溶解にほかならない。既存の法律の解体のために、あ

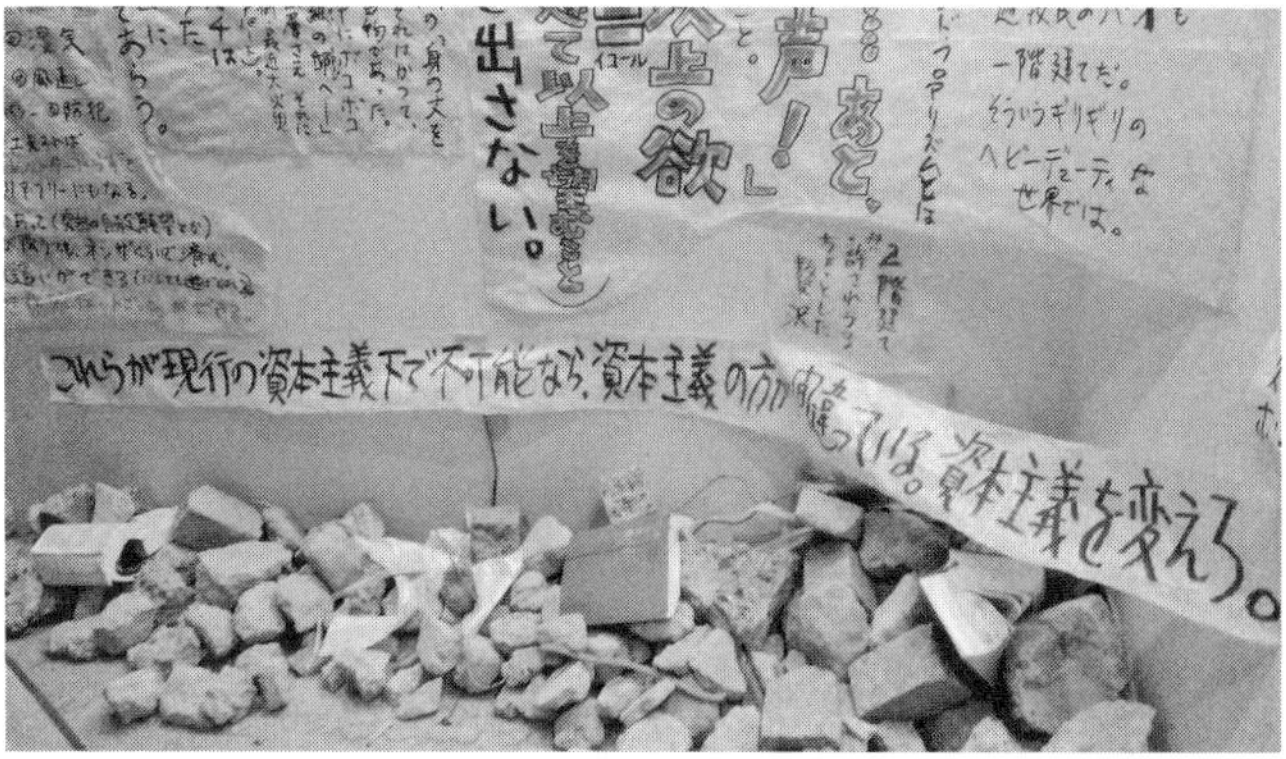

会田誠《セカンド・フロアリズム宣言草案》（部分，©AIDA Makoto）
「会田誠展 GROUND NO PLAN」2018. 2. 10〜24，於青山クリスタルビル，
公益財団法人大林財団助成事業《都市のヴィジョン》

らたな法律がつくられつづける。ウロボロスのように法が法を食いつくす。

そして戦争がまたはじまってしまった。この「はしがき」を書いている時点（二〇二二年三月上旬）で、ウクライナの状況は悪化の一途をたどっている。ゼレンスキーは拙かったといえるのだろう。プーチンは妄想を生きているのかもしれない。いずれにせよ、湾岸戦争以来、もっぱら文明の発祥の地で戦争がくりかえされている。あたかも自傷行為のように、かつてのメソポタミアは空爆されつづけた。そしてウクライナである。文明は穀物の組織的な収穫と切りはなせないが、小麦が自生していた黒海沿岸のその原郷が蹂躙されようとしている。

文明はおわってしまうのだろうか？　そのインフラ（＝巨大建築）なしに生きていけるのだろうか？　われ

われは法による裁きと決別できるのだろうか？　もちろん、危機のなかで統治の強度は亢進している。法治国家は絶対であり、テクノロジーは万能である。にもかかわらず、各地で蜂起がとだえることはない。出エジプトを想いおこそう。ローカルなものだったかつての文明からは離脱することができた。巨大建築への法的な動員から逃げだすことができた。だがいまや、モノをつうじて文明の支配はゆきわたっている。それゆえ、われわれの出エジプトは蜂起をともなっていなければならないだろう。

本書にはこの一〇年あまりに書かれた文章がおさめられている。文明の黄昏のなかでの思考の痕跡であるといってもいい。その意味では、ハラリのベストセラー（『サピエンス全史』河出書房新社）や縄文ブーム、あるいは人類学の賦活と文脈をおなじくしている。だが、本書は文明からの離脱を説くだけではない。第I部をつうじて語られるのは、離脱が蜂起となる理路である。たとえば、現代思想の開始をつげたレヴィ＝ストロースの『悲しき熱帯』には離脱への希求だけでなく、それが「中断」でもあることも書き込まれている。その「中断」は「夜の歌」（クラストル）の孤独をつうじて、やがて「ジレ・ジョーヌ（黄色いベ

ジレ・ジョーヌ（黄色いベスト）による反政府デモ．
トゥールーズ，2018 年 12 月 8 日（© Aimeric Lafont）

スト）」たちの蜂起としてあらわれるだろう。第Ⅱ部では、そうした蜂起の諸契機が「就活」や「婚活」といったわれわれの日常のなかにさぐられる。

　そして第Ⅲ部は大学論である。「大学」という概念があらためてねりあげられる。大学は学校ではない。学校は文明にくみこまれている。それにたいして大学は出来事であり、文明やそこから派生する国家からの離脱である。だからつねに蜂起とともにある。本書になにがしかの今日的な意義があるとすれば、離脱が蜂起でもあるような境位としての大学にふれていることだろう。戦争はくりかえされるのだろうか？　文明はおわるのだろうか？　たしかなことは、文明のもとで戦争は不可避だということである。そして文明後のユートピアとは、おそらく大学のいとなみだけが無償の義務であるようなアレンジメントである。会田がしめしたように巨大建築はいらないし、法の裁きとも決別できるはずである。青空と文字のあいだで、われわれは語りつづけ、歌いつづけるだろう。文明の、あるいは国家や戦争のもたらす瓦礫を目のあたりにしつつも、本書がなつかしくもあたらしい歌を口ずさむささやかな手がかりとなればと願っている。

さいごに、本書のもとになった文章の初出誌の編集者のみなさまに感謝をささげたい。また書籍化にあたっては、作品の写真の使用を快諾くださった会田誠氏、すばらしい帯文をよせてくれた栗原康氏、そしてなにより新評論の吉住亜矢氏の綿密な仕事ぶりに心からのお礼を申しあげたい。

白石嘉治

二〇二二年三月

青空と文字のあいだで◆目次

III

［目次扉図版：ギュスターヴ・クールベ《パラヴァの海辺》一八五四年］

I

天皇のてまえと憲法のかなたで

「いい村ですし、みな良きイタリア人でファシストで……」

——カルロ・レーヴィ『キリストはエボリで止まった』

現代思想は『悲しき熱帯』からはじまる

天皇と憲法について、現代思想の観点からかんがえてみたい。タイトルは人類学者レヴィ＝ストロースの『悲しき熱帯』の、つぎのような擱筆をふまえています。

> いまや生にとってかけがえのない離脱のときである。野生人にわかれをつげ、この旅もおわりにしよう！――われわれ人類がミツバチのように整然とはたらくことを、たとえ短いあいだでも中断してみよう。そうすれば、思考のてまえと社会のかなたで、人類がかつてどのようなものであり、そしてどうありつづけるかということの本質を感じとれるはずだ。ひとかけらの鉱物をじっとみつめれば、それがわれわれのつくりだしたどんなものよりも美しいことがわかるだろう。百合の花芯からただよう香りは、われわれの書物よりもはるかに精妙なものだろう。あるいは、忍耐、穏やかさ、そしてゆるしあう気持ちのこめられたものうげな目配せは、ふとわかりあうことができたと感じる一匹の猫とかわされるだろう。

レヴィ＝ストロースじしんは、おそらく天皇や憲法のあり方に異をとなえたりしない。彼の「構造主義」とはそういうものです。憲法にもとづく天皇の権威は、現実の社会の権力と対立する。そうした対立の束として世界は構造化されている。つまり文化と自然が対立するように、天皇や憲法という文明の所産は、ある意味で自然でもある政治や経済のふるう威力に抗しつつ世界をかたちづくる。天皇や憲法についてたずねられたなら、彼はそうこたえたはずです。

ところが『悲しき熱帯』は、引用からもうかがえるように、すこしちがった様相を呈しています。じつのところレヴィ＝ストロースは、失意のなかで『悲しき熱帯』を書きました。執筆時の一九五五年には、彼はもう五〇歳ちかかった。当時の五〇歳といえば引退をみすえる年齢です。博士論文を書いても、思うようなポストをえられない。本もたいして売れないし、論文集の出版もことわられる。おまけに二度目の離婚では、人類学の収集品も売りはらわざるをえない状況におちいっていました。

そうした失意のなかで、当人の言葉をかりれば「一度だけ気楽にものを書く」ことをやってみる。どうせ今度の本も売れないだろう。タイトルは若いころに構想した小説からとろう。同業の学者たちの目を気にすることもない……。じっさいその「気楽」な書きぶりのせいで、学界の長老からは絶縁されてしまいます。ところが、意外なことに『悲しき熱帯』はおおくの読者をかちえる。それが今日の「現代思想」のはじまりとなります。

アカデミズムの強度をたもちつつ、広範な読者にむけてうったえる――「現代思想」の言説実践をこう定義するならば、たしかに第二次世界大戦以前にも、そのようなこころみはありました。たとえば一九二九年には、気鋭の大学人たちが横断的に結集して『アナール』誌が発刊されますが、期待していたようには売れませんでした。「現代思想」の実質的なはじまりは『悲しき熱帯』の成功をまたなければならなかった。時代背景としては、なにより植民地の問題がありました。戦後の解放感が退潮していくなかで、あらためて植民地や戦争をもたらす文明のくびきを感じざるをえない。文明そのものにたいする懐疑ないしメランコリーがぼんやりとひろがる。こうした時代の雰囲気が、レヴィ＝ストロースという碩学の個人的な失意と共振したことはたしかだと思われます。

げんに『悲しき熱帯』では「私は旅や冒険家がきらいだ」という書きだしから、憂いをおびた言辞がつぎつぎにくりだされます。読みすすんでも、なかなか本題の「野生人」にであうことができない。植物が繁茂するように、小説的な記述が人類学の知見をおおいつくしています。そして末尾ちかくの「世界は人類なしにはじまり、人類なしにおわるだろう」という究極の言明をへて、はじめに引いた「離脱」が説かれる。レヴィ＝ストロースは「野生人」にわかれをつげるだけではありません。文明もまた、労働の「中断」によって宙づりにされなければならない。そうした未開と文明にたいする二重の「離脱」において、われわれは鉱物や百合や猫に感応しつつ「人類」の「本質」にふれることができる。『悲しき熱帯』の旅のはてに見出されたのは、「思考のてまえと社会のかなた」における自然にたいする直観です。

「夜の歌」の徴候を生きる

こうして『悲しき熱帯』からはじまった「現代思想」には、反文明ないし反国家のロジックとでもよぶべきものがつねに伏在しています。そこには天皇や憲法による統治を許容する余地はありません。たとえば一九六〇年代にレヴィ＝ストロースの研究室にいたピエール・クラストルは、未開社会の成立を文明の統治にたいする闘いにみてとります。クラストルによれば、未開社会に顕著にみられる平等への志向は、文明がしいる位階にたいする持続的な「離脱」のあらわれです。

つまり未開とは文明にあらがって事後的に組織される状態であり、けっして文明以前の状態ではない。しかも、未開から文明へという図式がたんに逆転されるだけではない。そうした未開社会の平等からもさらに「離脱」すべく、クラストルのいうところの「夜の歌」がうたわれる。「野生人」たちは密林を遊動しながら文明をこばむだけでなく、夜ごと孤独にうたうことで、彼らじしんの小さな集団をもふくめて「社会」そのもののかなたへとのがれようとします。

このことを逆からたどれば、「夜の歌」の絶対的な孤独にねざす「離脱」こそ、国家＝文明の位階に抗する平等を可能にするともいえるでしょう。クラストルはそれを「われ歌うゆえに、われあり」という印象ぶかい表現で語っていますが、一九七〇年代には、こうした彼の明察をふまえつつ、フランスの哲学者ドゥルーズとガタリによって国家に抗する「戦争機械」という概念がねりあげられました。また近年では人類学者ジェームズ・C・スコットの大著『ゾミア』でも、国家＝文明の統治にまつろうことのない生の諸相が人類史的なひろがりのなかでたどりなおされています。われわれとしては、『悲しき熱帯』以来の現代思想の根底に滞留しつづけているロジックの一端をつまびらかにするために、ここでは中井久夫の著作を参照しておきたいと思います。また、幅広い精神科医である中井は、誠実な臨床活動に裏打ちされた治療論で知られています。

い教養にもとづくエッセーの愛読者も多いでしょう。そうした多岐にわたる著作の理論的なエッセンスがしめされている『分裂病と人類』や『徴候・記憶・外傷』によれば、統合失調症を生じさせるのは文明そのものにほかなりません。文明による統治——それは社会ないし公共性という概念をつうじて、われわれの日常的な感覚に浸透しているのでしょうが——以前には、人類が生きることは「徴候」を読みとるのにひとしいことでした。空をあおぐ。草木のゆらぎをみてとる。動物の足跡から退却か追尾かをきめる。風の流れ、その湿り気やにおい、遠く近くの音。すべてが読みとられるべき徴候でした。そこでは知覚と想像はぴったりと重なりあわなければならない。草むらがゆれる。そこに風のそよぎをみてとるのか、獣の気配をみてとるのか。その獣は危害をもたらすのか、あるいはわれわれの滋味となるのか。なんらかの足跡を知覚することは、たった一度しかない状況のもとで、その足跡をのこした動物を想像することと一体の形影あいともなうものでした。

　ところが文明の到来とともに、徴候における知覚と想像のむすびつきは切断されてしまいます。さきにふれたスコットも強調するように、文明が国家とほぼ同義であるとすれば、それはかならず単一穀物の組織的な耕作の強制とともにあります。採集や狩猟を生計とするかぎり、国家的なものの発生は抑止されるでしょう。手にはいる雑多な食物はくさりやすく、国家がとりたてたり、たくわえたりするのには不向きです。国家にとって必須の徴税のためには、運搬や蓄積が容易な穀物を耕作させせなければならない。そしてそうした穀物の強制的な耕作のもとでは、徴候の読解は限定されたものとなります。もちろん栽培する穀物の生育状態は注意ぶかく把握されなければならない。だが、それは一定の枠組みにそっておこなわれる。知覚にともなう想像は、おのずと収穫にむけての予測にきりつめられる。かつての徴候の読解においてはたらいていた想像のほとんどは無用のものとなります。

古代の文明が一般にカミによる統治ないし公共性の実現というかたちをとるのも、そこでの組織的な穀物の生産が知覚のコントロールなしにはありえないからです。無用となった想像は放置されるのではありません。知覚から遊離した想像は、統治の正統性を語る神話として文明に飼いならされる。そして、こうした神話による表象化を迂回することなく、かつてのように徴候においで知覚と想像を直接にむすびつけるいとなみは狂気とみなされます。知覚は存在にたいしてはたらき、想像は不在にたいしてはたらく。これが文明による統治にとっての正常な認知のあり方です。それにたいして徴候のなかで知覚と想像を重ねることは、存在と不在、可視と不可視、あるいは現実と理念のしきいをとりはらうことです。それは文明からすれば狂気そのものです。

中井にとっての統合失調症とは、文明以前には優勢だった徴候的な空間や時間を生きつづける「分裂病親和者」が、文明以後の統治や公共性のもとでかかえることになる失調のあらわれであるといわれます。こうした見解の妥当性を医学的に吟味することはできませんが、注目すべきことに、中井はその『分裂病と人類』で「分裂病親和者」の徴候的な認知をレヴィ＝ストロースの語る「野生の思考」とむすびつけます。そして『徴候・記憶・外傷』では、「詩」について「言語の徴候優位的使用によってつくられるもの」とみなす。われわれにとっては、『悲しき熱帯』で語られる「思考のてまえと社会のかなた」ではたらく「中断」も徴候的であるといえるでしょうし、クラストルの語る「夜の歌」も「詩」における「言語の徴候優位的使用」であるとつけくわえることができるはずです。

くりかえしますが、文明＝国家の位階をともなう統治に抗するには、みずからの社会を平等に組織するだけでは不十分でした。だれにも隷従したくないからこそ、平等をもとめるのであって、けっしてその逆ではありません。国家の不平等と闘うには「夜の歌」の絶対的な「離脱」がなければならない。そこでは知覚と想像のしきいはとりはらわれます。じっさいの「未開人」たちの

「夜の歌」は、たんにみずからを言祝ぐだけのばあいも多かったようですが、それも可視的な現実が不可視の理念と孤独のなかで重ねあわされるふるまいともいえるはずです。そうした「詩」の「徴候優位的使用」においては、きっと鉱物や草木はより精妙に感じとられたのでしょう。「夜の歌」の徴候を生きることは、文明がしいる思考や社会を「中断」して自然への直観へとたちもどることにほかなりません。

形影あいともないつつ

文明はわれわれにたいする統治にすぎません。古代の文明はカミを中心にその統治を組織しました。その後のヒトを中心とする統治の時代が近代とよびならわされる。そして、近年のアントロポセーヌ（人新世）をめぐる議論でも強調されるように、産業革命以後、われわれはモノによる統治のもとにあるのでしょう。古代のカミによる統治は、われわれを神殿や墳墓の建設に動員しました。近代の君主制のもとでは、宗教的な統治は主権概念の創出によってのりこえられますが、やはりヒトである君主のために壮麗な宮殿がたてられます。あたかも文明とは、巨大な建築への奇妙な意志であるかのようです。じっさい、われわれが生きるモノの統治においても、こうした文明の巨大建築への意志はやむことはありません。都市の高層ビルやインフラについてはいうまでもないでしょうが、モノによる統治の究極のあらわれともいえる原発も、やはり巨大な建築物であることには注意をはらうべきです。

おそらく原発は現代の神殿であり宮殿であるのでしょう。ただし、そこに住まうのはカミでもヒトでもありません。モノによる統治にふさわしく、核燃料が支配者としてふるまっている。だが、原発は爆発してしまいました。そのことはモノによる統治の破綻としてうけとめなければならない。そして、すくなくともふたつの態度の決定がかんがえられます。第一に、あくまで文明の枠内にとどまるという態度がありえます。このばあいには、モノによる統治の危機にたいする防衛ないし反動として、カミやヒトによる統治がよびおこされる。天皇がカミによる統治に、憲法がヒトによる統治にそれぞれ対応するのでしょう。

もちろん、かつてのような天皇の神権は想定されない。あらたによびおこされる天皇の統治は、その儀礼や各地への巡行による想像的ないし「象徴」的なものにすぎない。だが、それは言語行為論的な観点からいえば行為遂行的《パフォーマティヴ》なものです。天皇の行為の遂行によって憲法という約束が意味をもつ。このことは憲法の規範性が天皇のありように依存することを意味します。だから理論的には、憲法が天皇を拘束する保証はありません。しかも天皇にせよ憲法にせよ、かつての統治のあり方に固執することで、今日の災厄がモノによる統治からくるという本質がみのがされてしまう。

だからこそ、モノによる統治にまでいたった文明そのものからの「離脱」へと踏みださなければならない。これが第二の態度の決定です。もう天皇や憲法にすがってもしょうがない。カミ、ヒト、モノと、統治はより身近なものをつうじて精度をあげてきたのでしょう。だが、その先はもうないのでないか？　そういう段階にあるのではないか？　あるいは「段階」という言葉に違和感があるならば、ごく端的にいって、国家や文明がしいる統治やそれにもとづく公共性にしたがうだけでは生まれてきたかいがないのではないか？　『悲しき熱帯』を起点とする「現代思想」のパースペクティヴのなかでは、このように問うことは十分に支持しえるように思われます。

レヴィ＝ストロースは「思考のてまえと社会のかなた」に思いをめぐらしました。文明以前から文明以後へと、天皇以前から憲法以後へとまなざしをふりむける。われわれが目配せをかわすのは、巡行する天皇やその家族ではなく、はじめに引用した『悲しき熱帯』の末尾で語られるように、街角ででありう「一匹の猫」であってもいい。もちろん始原の状態にもどることはできませんが、さいごに石牟礼道子が徴候に生きる「形見」の思想を語ったことを想いおこしておくのもむだではないでしょう。水俣の闘い――それは文明との闘いであり、またチッソの社長が現皇后の母方の祖父であったことも忘れてはならないでしょう――では、生者と死者、存在と不在、そしておそらくは知覚と想像がわかちがたくむすびついていました。しかも、石牟礼とともにあった渡辺京二は「離群」の契機なしに水俣の闘いはなかったという。「離群」の絶対的な孤独のなかでうたわれたのは「夜の歌」だったのでしょう。問われるべきは、もはや文明から派生する公共性ではありえないはずです。公共性から自然へとおりていかなければならない。文明の「中断」からたちあらわれる自然を、形影あいともなうような二重写しのなかでとらえかえすこと。そしてそうした「徴候」を生きつつ、あらゆる統治の先触れをふりはらうこと。それがモノによる統治の廃墟にたたずむわれわれが「天皇のてまえと憲法のかなた」へと踏みだすあゆみのはじまりとなるでしょう。

ジレ・ジョーヌ（黄色いベスト）のデモで上がる火の手.
2019年2月2日ルーアンにて（©Daniel BRIOT）

電車をとめろ！

政治的実在論試論

ファシズムにとっての好機とはなによりも、ファシズムに敵対する人びとが進歩を歴史のきまりごとと見なし、その進歩の名においてファシズムに対抗しているところにあるのだ。

――ヴァルター・ベンヤミン

「満員電車」からの「出口」

仕事場にむかう。学校や大学にむかう。気象の変化〔あるいは雨がふるようにおこる「人身事故」〕がなければ、きまった時間に電車にのりこむ。ホームでぼんやりと空をながめるのもつかの間、見知らぬひとびととの接触におしこまれる――。哲学者の荒谷《あらや》大輔は近著『資本主義に出口はあるか』の結論のなかで、こうした「満員電車」についてつぎのようにいっています。

直接的な身体同士の接触にいちいち「不快」を感じていると身がもちませんので、われわれは通常の人とのコミュニケーションの回路を開かずに満員電車に乗ります。接触しているものを「人」として認識していないとまではいえませんが、しかしコミュニケーションの対象ではありません。〔…〕それゆえ、人は満員電車の中でコミュニケーションの回路を遮断し、ギュウギュウに詰め込まれてなお、「それぞれの私」として存在するように努めることになるわけです。ときにはスマホを構える余地すらないほどの混雑になりますが、そこでも「私」の枠組みは死守されます。むしろその枠組みによって、身体的な接触を経てなお、バラバラな「個人」であることができるのです。

荒谷によれば、右派／左派という分割はかならずしも明快な見通しをもたらしません。むしろロック／ルソーという、一九世紀以降の政治思想の源泉となった人物の対立にまでたちかえらなければならない。ルソーの「社会契約」の出発点は「人民」の「一般意志」です。そこには、なんらかの共同性が想定されています。他方、ロックにとっての「社会契約」とは、なにより「個人」の「身体」にもとづいています。「身体」はじぶんだけのものとしてはっきりと限定され、その延長線上に私的所有権がなりたつ。これがリベラリズムの原則であり、古典派経済学から今日のネオリベラリズムにいたるまでかわらない。だからこそ、われわれは「満員電車」に日々ゆられながら、どこか抽象的な――「遮断」の「枠組み」のなかにある――「それぞれの私」につくりかえられなければならないのでしょう。

われわれに「出口」はあるのでしょうか？　「満員電車」にのりつづけなければならないのでしょうか？　すくなくともいえることは、たんに今日のネオリベラリズムを批判するだけでは、不十分であるということです。批判は日々「それぞれの私」をつくりだしているリベラリズムそのものにまでおよばなければならない。まずはネオリベラリズムがファシズムとのいわば共謀をつうじて、われわれをリベラリズムの「満員電車」におしこめているやりくちの一端をふりかえっておきましょう。

ファシズムの影のなかで

ネオリベラリズムの政策パッケージ――規制緩和、民営化、所得税・法人税の圧縮、社会保障の切りつめ等々――は、端的にいって統治権力の反転攻勢にほかなりません。第二次世界大戦後から一九七〇年代にかけて、資本の蓄積率はさがりつづけていました。この「統治性の危機」（サミュエル・ハンチントン）にたいして、経済学者フリードマンの「小さな政府」や「市場の力」といったスローガンが喧伝される。さらにその思想的な裏づけとしてハイエクの「自生的秩序」なるものがよびだされる。しかしながら、こうしたネオリベラルな趨勢の亢進は、たんなる「痛みをともなう改革」のみならず、暴力そのものの浮上なしにはありえませんでした。ピノチェトによる一九七三年のチリの軍事クーデターが、ハイエクやフリードマンによって熱烈に言祝がれたことを想いおこしましょう。「小さな政府」はつきつめると軍事政権となり、「市場の力」がもっとも理想的にはたらくのは植民地です。社会思想につうじた酒井隆史やフランスの哲学者グレゴワール・シャマユーも強調するように、ファシズム期に構想されたハイエクの「自生的秩序」はなにより「権威主義」にねざすものであり、軍事的な植民地経営とあいつうじています。

　じっさい今日のネオリベラリズムは、ファシズムとの取引によって維持されています。たとえば、ネオリベラルな政策をおしすすめるフランスのマクロン政権は、ファシストとみなされている「フロン・ナショナル（国民戦線）」との対抗において成立しました。ファシズムがいやならば、ネオリベラリズムを選ぶほかないというわけです。こうした状況のなかで、権威主義的なマクロンの「軽蔑」を明敏にも感じとって立ちあがった「ジレ・ジョーヌ（黄色いベスト）」たちにたいしては、アルジェリア独立戦争いらいの弾圧がなされている。おなじことは香港についてもいえるでしょう。事態は警察による高校生への至近距離からの発砲（二〇一九年一〇月一日）にまでいたりました。だが、中国政府の正統性はかつてファシズムをしりぞけて成立したかぎりにおいてゆるがない。香港のひとびとが敵対しているのは、ネオリベラルな中国政府であると同時に、文字どおりの権威主義的な植民地統治の暴力にほかなりません。

いまだに竹中平蔵や堀江貴文がもてはやされているのも、そうした取引がつづいているからでしょう。マクロンや習近平とおなじように、彼らはファシストではないという理由でうけいれられているにすぎない。グローバリゼーションというネオリベラルな「サミット体制」（栗原康）にしてもそうです。それは「世界の商品化」であるだけでなく、金融資本による「世界の植民地経営」でもある。にもかかわらず、ファシズムではないというだけでゆるされている。こうした共謀のもとでは、たんなるファシズム批判はもはや効力をもたないでしょう。映画『パリ二〇区、僕たちのクラス』（二〇〇八年）でも知られる作家フランソワ・ベゴドーも、問われるべきは「ブルジョワジーの秩序」であると近著ではっきりと語っています。その標的は、「ファシズムという最悪の事態をさけるためにはネオリベラリズムを選択するしかない」とせまるリベラルなひとびとです。彼らの気楽な政治談議では、一九世紀いらいリベラリズムが植民地という暗部をかかえてきた歴史も、真剣にかえりみられることはありません。すべては「位置取り」の問題であり、プラグマティックな選択のなかで、植民地経営にもとづくリベラルな「ブルジョワジーの秩序」がネオリベラリズムとして純化されて回帰しているのです。

唯名論／実在論

エピグラフにかかげたドイツの思想家ベンヤミンの言葉をかりるならば、今日のネオリベラリズムの「好機」とは、それが内在するリベラリズムの論理がファシズムの影との共謀によってつきつめられているところにあります。われわれとしては、哲学者の坂部恵《めぐみ》も示唆していたように、リベラリズムの淵源にさかのぼり、その理論的な核心を一瞥しておく必要があるでしょう。坂部はC・S・パースの「形而上学ノート」をふまえつつ、中世の「唯名論（ノミナリスムス）」と「実在論（レアリスムス）」とのいわゆる普遍論争についてつぎのようにいいます。

一四世紀の哲学のメイン・イシューである、「実在論」と「唯名論」との対立は、通常そう理解されるように、個と普遍のプライオリティ如何という問題をめぐるものというよりは、むしろ、（パースはそこまで明言していませんが、）個的なものをどう捉え、どう規定するかにかかわるものであることがあきらかになってきます。／すなわち、個的なものを、元来非確定的で、したがって（ここが肝心のところですが）汲み尽くしえない豊かさをもち普遍者や存在をいわば分有するものと見なすか、それとも、まったく反対に、それを、いわば第一の直接与件として、しかも単純で確定された規定を帯びた、世界と思考のアトム的な構成要素とみなすか。

坂部はパースの記号論的な哲学史の解釈にもとづきつつ、論争をオッカムとドゥンス・スコトゥスの対立としてとらえます。そして前者オッカムによる唯名論の勝利において、ルネサンスや宗教改革よりも「本質的で深い切れ目」がつくりだされたという。オッカムにとって、実在するのは「個的なもの」だけです。普遍的なものは脳裏にうかぶ「名」にすぎません。ここに近代的な意味での客観性、ないし主客関係の萌芽をみてとるのは容易でしょう。のちにロックが前提するような、リベラリズムの「私」と「身体」の主客関係も、こうした唯名論の範疇におさまります。つまり「第一の直接与件」として客体化された「身体」が「私」という主体のうちに「名」として所有される。これが私的所有権の出発点ですが、注意すべきは、主観に生じる「名」を普遍とみなす唯名論の機制のなかで、そうした「名」の場となる「私」そのものが超越的な主体となることです。だからこそ、見知らぬ土地をたんなる「名」に切りつめたうえで、それを「私」のものであると宣言することが可能となる。リベラリズムの伸長とともに推しすすめられた植民地化においても、唯名論的な「私」の超越性がはたらいていたのでしょうし、近代経済学についてもおなじことがいえるはずです。唯名論的な「一物一価」の体制のもとでは、ものは「名」＝金銭におきかえられ、それが「資本（capital）」という「頭（caput）」にとりあつめられます。

このようにリベラリズムの根幹を規定する唯名論にたいして、スコトゥスの実在論においては、普遍は「個的なもの」に「分有」されます。中世の思考が、神とおなじ程度に「自然（natura）」――「本性」でもあり、「生成」でもあるような――をめぐってつむがれていたことを想いおこしておきましょう。文明論的な観点からいって、古代がカミの統治であるならば、近代はヒトのそれです。中世とは、そうした古代から近代への移行期であり、そこでは一般にカミの後退がみてとれますが、ヒトによる統治は十分ではありません。このいわば空位の例外状況において、文明による統治の基層に潜在するはずの「自然」への問いが立ちあらわれます。古代の権威が色濃いロマネスク教会の入口のタンパン（装飾壁面）には、救い主イエスの堂々たるすがたをかたどった彫像がかかげられていました。それが中世の深まりとともに、マリアの図像を中心に組織されたゴシック教会にとってかわられる。中世のひとびとの「自然」とは、マリアがひとりでイエスを身ごもったように、なによりみずから生成するものでもあったのでしょう。

思想史ないし精神史の脈絡からも、古代からつづくアウグスティヌスのプラトニズムはもはや維持しがたいものでした。そこにアリストテレスの「個的なもの」の哲学が流れこむ。だから実在論は、プラトニズムへの回帰ではありえない。中世の「自然」において、超越的に離在するイデアとしての普遍はしりぞけられます。普遍的なものは個体に「分有」されるのであり、スコトゥスはそうした個体のあり方を「このもの性（haecceitas）」とよびましたが、坂部のみたてによれば、この実在論の「このもの性」は九世紀のヨハネス・エリウゲナがいう「無」の系譜をひくものです。エリウゲナにおいて、神は絶対的な能動者（「創造し、創造されない」）であるだけではなかった。「創造する／創造される」という能動／受動の体制そのものが否定される「無」でもある。文明が支配／被支配というかたちで、必然的に能動／受動の体制をとるのであれば、エリウゲナの「無」としての神は、そうした文明の体制を必要としない「自然」でもあるでしょう。言語学者バンヴェニストの名高い「中動態」論に即すならば、文明以前は受動は中動＝自発であったわけですから、そうした「自然」における「個的なもの」は限定や支配の受動的な対象ではなく、自発的な知覚のもとで元来の「非確定的」なすがたをとるのでしょう。いずれにせよ、今日のネオリベラリズムないしリベラリズムが唯名論的なものである以上、それを批判することは、中世の実在論が「自然」に見出した「このもの性」の「汲み尽くしえない豊かさ」にたちもどることにほかならないはずです。

まぎれもなくそこに在る

フランス文学者の阿部良雄は、一九世紀の「写実主義（レアリスム）」の創始者クールベの画業についてつぎのようにいっています。

> 牛や鹿や犬などの獣たち、あるいは「一八五三年のP・J・プルードンの肖像」に描かれた二人の子供、あるいは獄中または病院で描かれた果物を前にして覚える、独特な感動。まぎれもなくそこに存在《もの》が在《あ》るという感じ、ただ絵の題材として生かされているというだけではなくて、その存在《もの》本来のかたちの表象がその存在の顕現となっている、とでも言いたいような現前感、この現前感は、二〇世紀絵画におけるクールベの偉大な後継者バルチュスの言を借りて言うなら、「対象と同一化する能力」の生み出したものである。

のちにボードレール研究の第一人者となる阿部が、さいしょの渡仏のさいに、作家きだみのるに相談したことを忘れないでおきましょう。戦前のパリで人類学をまなんだきだは、レヴィ＝ブリュールの『未開社会の思惟』の翻訳でも知られていました。レヴィ＝ブリュールによれば、文明以前の「原始的心性」では普遍的なものが分有される「融即」が優勢であるといいます。われわれとしては、教説の信憑については問わないでおきましょう。この「融即」と阿部が引くバルチュスの言葉（「対象と同一化する能力」）とをかよいあわせつつ、中世の「実在論（レアリスムス）」の回帰ないし反復をクールベの「レアリスム」にみてとれば十分です。阿部のいう「まぎれもなくそこに存在《もの》が在《あ》るという感じ」とは、実在論の「汲み尽くしえない豊かさ」であり、スコトゥスの「このもの性」でもあるでしょう。

くりかえしますが、ファシズム批判を介してネオリベラリズムを許容してはならないし、ネオリベラリズム批判はリベラリズムそのものにおよばなければならない。それは唯名論をしりぞけて、実在論の系譜をあらためてたどりなおすことになるはずです。坂部はそうした見通しのもと、スペインの神秘家たちやライプニッツの「モナド」、さらにはロマン主義以後の詩人や小説家たちの名をあげていますが、そこにクールベの名があってもいい。実在論がもっぱら美学的な領域に見出されるのは、近代の唯名論的な体制のもとで、芸術家たちだけが個体に普遍的なものをくみとろうとしつづけてきたからにほかなりません。「存在《もの》本来のかたち」が実在として「顕現」する。われわれとしては、そうした芸術家たちのいとなみにしたがいつつ、政治的な局面にも実在論の観点を導入すべきでしょう。唯名論的な人権は「このもの性」からとらえかえされ、法的なものは小説的な「現前感」の「汲み尽くしえない豊かさ」をまえにしりぞいていくはずです。反緊縮の実在とはなにか？　ベーシックインカムはいかなる実在にねざしているのか？　われわれの行動はどのような実在においてなされなければならないのか？　こう問いかける政治的実在論の布置のなかで、ベンヤミンが祈念したように美学的なものが政治に転化するのでしょうし、われわれもまたネオリベラリズムの「満員電車」をおりられるにちがいありません。

ギュスターヴ・クールベ《干し草の季節の午睡》1868年

トンネルをぬけて風にふかれる

コロナで全部予定がなくなったので、どこかへ行こうと思っていた。——安倍昭恵

精神は身体へとむかう

イタリアの思想家ビフォ（フランコ・ベラルディ）は、パンデミックのあとには「身体」が回帰するといいます。

以前のふつうは二度と戻らない。その後に来るべき事態は何も決定されてはいないし、予期することはできない。／政治的にはふたつの可能性に直面している。暴力を手段として資本制経済を再起動する技術全体主義システムがひとつ。あるいは人間的活動の資本制の抽象化（搾取）からの解放による、有用性に依拠した分子的社会の創造。〔…〕わたしには潜在性の方が興味深いので、ここでは確率的な可能性を超えて考えてみたい。そして潜在的な可能性は、抽象化の破綻と具体的なニーズの担い手としての物質的身体の劇的な回帰、これらの内に孕まれている。〔…〕使えるかどうかが、社会的な領野にかえってきた。資本制における抽象的価値化過程の下で長らく忘却され否定されてきた有用性が、いま舞台の王座につく。〔…〕いま即座に必要なのは、病気に対するワクチンであり防御マスクであり集中治療設備だ。そして長期的には食料、そして慈しみと歓びとを求めている。あたらしい文化、やさしさと連帯とつつましさの。

もちろん「資本制経済」は、その「ふつう」の維持のために、われわれを「技術全体主義システム」のなかにそっくり格納しようとするでしょう。「テレワーク」、「オンライン授業」、「あたらしい生活様式」などなど。利潤をもとめて、もっと「抽象化（搾取）」しようとする。だが、われわれはそんなことを望んでいるのか？　ひきこもる、マスクをする、手で顔をふれないようにする……とうぜん、じぶんの身体に意識がむかう。だから「具体的なニーズの担い手としての物質的身体の劇的な回帰」がおきる。

ビフォのいう「有用性」については、ちょっと注意しなければならない。たとえば、パンデミック以前、われわれは仕事帰りにスーパーに立ち寄っていました。むやみにあかるい照明にてらされて、ヨーグルトが整然とならんでいる。こんなにたくさんのヨーグルトは必要なのだろうか？　迷っているうちに人生の時間がすぎていく。買い手だけではありません。ヨーグルトごとに企画会議があり、商品開発部に勤める者は徹夜でパワポを準備しなければならない。製造があり、スーパーに搬入する仕事もある。無数の身体の時間が利潤のために動員される。問われているのは、こうした「抽象的価値化過程」をしりぞけるような「有用性」です。しかも、それは「物質的身体」にねざす。だから「舞台の王座」につくのは、正確には「有用性」ではなく、われわれの身体そのものでしょう。そしてそこから「あたらしい文化」がはじまる。

　ビフォは楽天的すぎるでしょうか？　身体はほんとうに回帰するのでしょうか？　動物から感染する可能性のあるウイルスは六〇万種類以上にのぼるといわれています。なんどでもパンデミックはおきるでしょう。にもかかわらず、われわれの頭のなかは、いまだにソリューションやアルゴリズムでいっぱいです。利潤をもとめて、そんなことばかり考えている。精神のはたらきそのものが緊縮財政になり、じぶんの身体などかえりみない。コロナウイルスをひきよせたのは、そうした精神のあり方そのものであるともいえるのではないでしょうか？

　たしかに、われわれはスポーツにいれあげてしまう。週日はたらいたあと、週末はたとえばフットボーラーの躍動にみいられてしまう。ちょっとした代償行為かもしれないけれど、たぶんそこには手がかりがある。精神が身体にむかっている。そしてスポーツだけでなく、ひろい意味での美学的な経験についてもおなじことがいえるはずです。

スピノザの逆転

われわれとしては、コロナ禍がもたらした「潜在的な可能性」にふれるためにも、スピノザの『エチカ』をふりかえっておきたい。というのも、そこでは身体へとむかう精神の形式が語られているからです。スピノザが生きたのは一七世紀のオランダでした。資本主義のはじまりをつげた場所のひとつです。またスピノザじしん、当時の科学革命の渦中にありました。資本にせよ科学にせよ、彼の思考は身体をないがしろにする抽象の先触れにたいする闘いだったのでしょう。

いずれにせよ、ふつうの哲学者たちは身体ぬきで考えようとする。その精神のはたらきは、おおむねつぎのような三つ組みにもとづいています。

対象 - 表象 - 観念

対象が表象され、それが観念へとねりあげられる。「対象 - 記号 - 意味」や「もの - イメージ

-「言葉」も、そのヴァリエーションです。思考は対象から観念へとすすむ。抽象度があがり、身体からは遠ざかっていく。ところが、スピノザは表象と観念の関係を転倒させます。

対象 - 観念（＝情動） - 表象

スピノザにとっての対象とは、なによりじぶんの身体でした。それはつねにほかの身体とともにあり、無限の「変様（affectio）」がもたらされる。そうした身体に触発されて、精神にも無限の「変様」が生じる。おどろくべきことに、スピノザはこの精神に生じる「変様」を「情動（affectus）」とよび、それが「観念」の始原のすがたであるという。精神の底にあって、身体とともにゆれうごくきざしのような『観念＝情動」。それはわれわれがこんにち「無意識」とよぶものにちかい。そこから表象やイメージ、あるいは概念がたちあがる。とうぜんながら、それらは十全に「観念＝情動」を表現していない。だから、スピノザは「観念＝情動」へとおりていく。精神のきざしへとむかう。そのさきには身体があります。

ようするに、スピノザの精神の形式は、ふつうの哲学者たちとは逆に身体へとむかう。哲学者江川隆男の卓抜な読解によれば、この逆行によって、表象の「巨大回路」がしりぞけられ、精神と身体の「最小回路」がもとめられる。見出されるのは、道徳とは区別されるべき「倫理」です。道徳はなにより既存の秩序の維持をもくろみます。問題があっても目をつぶる。道徳とは、そういう精神のはたらかせ方です。問題から遠ざかり、表象のなかにひきこもる。そして道徳という観念をねりあげる。注意すべきは、ふつうの哲学者たちもまた、こうした道徳とおなじように精神をはたらかせることです。対象が表象をつうじて観念になると考える。だから彼らは、京セラの元社長などが「哲学」と称して説教するのを嗤えないでしょう。それにたいして、スピノザは表象から「観念=情動」へとすすむ。身体と精神の「最小回路」が目ざされる。もちろん身体と精神はべつのものです。思考が身体そのものに到達することはないでしょう。それでも「最小回路」へとむかう精神の運動において賭けられているのは、表象の「巨大回路」からぬけでることです。われわれにとっては、それは「技術全体主義システム」や「抽象的価値化過程」の罷免でもあるはずです。

＊

ドイツ文学者臼井隆一郎による『乾いた樹の言の葉』は、おそらく統合失調症だった元裁判官シュレーバーの『回想録』を読み解いた書物です。さいしょの「緊急事態宣言」下の公園のベンチで、ゆっくりとその書物のゆきとどいた言葉をたどりなおしていました。四月の日ざしのなかで、公園の木々の梢がなにごともなかったようにゆらいでいました。

シュレーバーの父親は、子どもの姿勢を矯正する拘束具を発明した人物です。そうした父親のもとでそだったシュレーバーは、法曹界のエリートとなったものの、「神経病」をわずらって長期の入院を余儀なくされます。彼は二重に「拘束されたヒト」といえるでしょう。父親の発明品で身体を拘束されただけではなく、言語という表象のなかにも封じこめられている。ただ、臼井によれば、『回想録』の夢の記述には、そこからぬけでる徴候が読みとれるといいます。

たしかに「以前のふつうは二度と戻らない」のでしょう。パンデミックをつうじて「巨大回路」は抽象度を亢進させている。われわれもまた、シュレーバーのように、心身ともに拘束されつづけるほかないのでしょうか？　たとえ身体が回帰したとしても、もはやユートピア的な「潜在性」を夢想することは禁じられているのでしょうか？

われわれとしては、さいごにフランソワ・トリュフォーの映画『華氏４５１』にふれておきたい。レイ・ブラッドベリによる原作の小説ではＳＦの常道であるディストピアが語られます。書物が禁じられ、ひとびとは政府がコントロールする表象のスペクタクルのなかに封じこめられる。原作ではそこからの出口は明示されません。ところが映画の結末では、ユートピア的なみぶりが印象深く描かれています。弾圧を逃れた者たちは、それぞれの愛着にもとづいて諳んじられた書物を口伝えでうけついでいく。暗誦という行為をつうじて、言葉という表象を身体との触発にたちかえらせるかのように。この緑野の光景のうちには、スピノザの「最小回路」が開示されているのでしょうか？　すくなくとも、われわれの望むものは政府の喧伝する「あたらしい生活様式」などではないでしょう。身体へとむかう、あるいは「観念＝情動」の無限の触発へとおりていく、あたらしい精神の形式が見出されなければならない。おそらくそれなしには、パンデミックのトンネルをぬけても風のさわぐ夜にでかけることもないはずです。

青空と文字のあいだで

「背後」のないものの永遠について

われわれは権威の危機をまのあたりにしている。社会の一部の野生化に歯止めをかけなければならない。国家の権威をあらためて強く言明しなければならないし、なにも見逃してはならない。

——ジェラルド・ダルマナン仏国内相

監視カメラをたたきこわす。銀行や不動産屋から書類をもちだす。路上にばらまき火をはなつ。「美しい！」と声があがる。車が炎上し、機動隊にはロケット花火がうちこまれる――二〇二〇年一二月五日のパリの光景です。きっかけは「sécurité globale（包括的治安）」とよばれる法案の審議でした。法案がとおれば、警官を撮影した画像や動画を公開することが規制されます。しかも違反すると罰金や禁固刑が科される。これにたいして、パンデミックのさなかにもかかわらず、数十万の規模のデモとともに「蜂起」がたちあらわれました。

こうした「蜂起」の湧出について、哲学者の守中高明は、政治学者の栗原康との対談「他力の思想を生きる――無償の救いをブン投げよう」のなかでこういっています。

栗原さんも触れている「人民が蜂起を生み出すのではない。蜂起こそがみずからの人民をつくるのだ」という不可視委員会のテーゼ（『われわれの友へ』夜光社、二〇一六年）がありますが、これはまさにその通りですね。人民は出来事として立ち上がってくる、あるいはつねに生成してくる何かであって、可視的な実体として措定できるものではない。これを私なりに翻訳すると「衆生《しゅじょう》がいて念仏するのではない。称名念仏《しょうみょうねんぶつ》が衆生という名の人民を生成させるのだ」。

科学ジャーナリストのクリストファー・ライアンも学術的な成果をふまえて語っているように、われわれは文明そのものの消失を生きているのでしょう。文明は農耕とともにはじまります。もっぱら奴隷に穀物をつくらせる。エージェントは政府であり、その支配のおよぶ範囲が国家とよばれる。ただ、そうした文明はつねにほろびてきました。なぜなら、そこには強制がはたらくからです。だから離脱はかならず生じる。蜂起をつうじて奴隷は「人民」となり、文明のくびきはしりぞけられる。古代の諸文明の瓦解は、文明という機制に内在する限界をしめしています。われわれの文明も同様のさだめにあるはずです。

それゆえ今日の問題は、おそらく破綻が運命づけられているにもかかわらず、文明の体制が世界全体をおおってしまったことです。われわれに出口はあるのでしょうか？　われわれはこの惑星にはびこる文明とともに奴隷でありつづけるのでしょうか？　それとも、蜂起という「出来事」とともに、文明の強制をたち切る「人民」となるのでしょうか？　とはいえ、そうした「人民」は、守中や栗原によれば、かならずしも「可視的な実体」ではない。「生成してくる何か」です。路上で燃える銀行や不動産屋の書類の美しさのように、それはいわば感じることしかできない。

このとらえがたさについて考えてみたいと思います。出発点となるのは、守中と栗原もふれているフランスの思想グループ「不可視委員会」の『われわれの友へ』で「同志」とよばれるドゥルーズの『差異と反復』です。二〇一九年の香港での蜂起のさなかにも、半世紀前のこの哲学書が読み返されていました。それは偶然ではないでしょう。

「詩人」は蜂起する

文明のもとでは、われわれの属性ははっきりと同定されます。氏名や住所があり、それらは国籍に紐づけられる。われわれは「可視的な実体」、つまり国民や市民として、追尾や捕獲が可能なものとなる。そして組織化された労働へとくみこまれていく。ドゥルーズの『差異と反復』によれば、こうした文明の体制は、とうぜんのことながら「政治家のやり方」であり、それは「詩人のやり方」に対置されるべきものです。

きわめて一般的なかたちにはなるが、われわれとしては「必要な破壊」に訴えかけるには二通りのやり方があるといいたい。ひとつは詩人のやり方であり、創造的な力能の名において語ることで、あらゆる秩序とあらゆる表象をくつがえし、永遠回帰の永久革命的な状態において〈差異〉を肯定する。もうひとつは政治家のやり方であり、「差異となる」ものをまずは否定し、そして歴史のなかで確立された秩序を保存し継続する。あるいは世界のなかで、表象の諸形式の要請にあらかじめしたがった歴史的な秩序を確立する。

『差異と反復』の結論部の言葉をかりるならば、われわれが生きる「文明の現実的な本質」は「錯覚と欺瞞」です。それは「政治家」のたんなる「秩序」にすぎない。そこでは不穏な「「差異となる」もの」は「表象の諸形式」によって切りつめられる。それにたいして、「詩人」は「表象」による囲いこみをしりぞける。「政治家」の「破壊」が「「差異となる」もの」の「否定」であるのにたいして、「詩人」の「破壊」は「〈差異〉」の「肯定」です。

冒頭でふれた蜂起にも、こうした「詩人」と「政治家」との角逐をみてとることはたやすいでしょう。銀行や不動産屋は「表象の諸形式」にもとづいています。銀行があつかう金銭はいうまでもなく、不動産屋が強制する契約もそのひとつでしょう。それらの「破壊」にかかわっているのは、「壊し屋」や「ブラック・ブロック」、あるいは「アンチファ」とよばれる特殊なひとびとであるといわれます。だが、「表象の諸形式」のもとにある、つまり団旗やコールによって同定される労組やNGOも、じっさいにはデモのなかで不穏な「壊し屋」たちとひとつづきになっています。

この状況をつくりだしたのは「ジレ・ジョーヌ（黄色いベスト）」とよばれるひとたちです。もともとは地方のロータリーで交通を遮断することで、マクロン政権のネオリベラルな政策にたいする抵抗をこころみていました。ロータリーの近くに仮設された小屋では、よもやま話にもふけったのでしょう。職場の同僚や隣人以外ではじめて友人ができたひともいたはずです。そして二〇一八年一一月一七日、パリにやってくる。地元のロータリーではなく、首都を「ブロック」するためです。その数は三〇万人ともいわれ、文字どおりの「蜂起」でした。彼ら彼女らにリーダーはいません。にもかかわらず、十曜日ごとに無数のロータリーからやってくる。とうぜんのように、ほかのイシューをかかげるデモとも交雑していく。その結果、穏健な労組やNGOとそうでない「壊し屋」たちという図式は、報道などのいわば「表象の諸形式」にはのこっているものの、現実には不分明になってしまいました。

こうした蜂起の「暴力」は、しばしば非難の対象となります。あるいは逆に、警察の過度の「粗暴さ」が問題にされる。しかしながら、そうした応酬では「詩人」と「政治家」の「破壊」の非対称性がみうしなわれています。それは「破壊」の程度によって相対化できるものではない。ドゥルーズもいうように、「詩人」の標的は「表象」です。だから銀行や不動産屋のみならず、警察も「破壊」の対象となる。「破壊」されるのは警察の身体ではなく、制服や隊列といった「秩序」の「表象」です。それにたいして警察が毀損しようとするのは、つねに身体そのものです。文明が奴隷を捕獲するように、警察は「暴徒」をとらえて留置場におくりこむ。奴隷を殴打するように、警棒をふりおろす。文明の「表象の諸形式」のもとで、おなじとりしまりがつづいています。したがって、「壊し屋」たちのふるまいは「器物損壊」であり、対人的な「暴力」とは区別されるべきというような、法的な議論もじつは不十分でしょう。くりかえしますが、「詩人」や「壊し屋」の「破壊」は「表象」にむかうのであり、そこには法そのものもふくまれます。蜂起において問われているのは、法にもとづく身体のとりしまりをつうじて、われわれに奴隷のような労働をしいる文明の体制そのものです。

「背後」のないものたち

『差異と反復』の賭け金を、あらためてふりかえっておきましょう。「表象の諸形式」は「破壊」される。そして「〈差異〉」（Différence）や「「差異となる」もの」（ce qui «diffère»）にむかっていく。だから個体や観念には「微分」（differentiation）がほどこされる。前者の個体については「前個体的なもの」の生成が見出される。後者の観念も「微分」の運動のもとで、かならずしも判明ではない雑多なものとなる。そうした「微分」によって、かろうじてとらえられるような「〈差異〉」や「「差異となる」もの」の無限の触発こそ、われわれの経験に先立つ潜在的なものです。表象の体制のなかでは、それは「感覚されることしかできないもの」（上、一六四頁）であり、『差異と反復』とは、そこから記憶や思考をはたらかせる「超越論的経験論」のこころみです。

それゆえ、小林卓也も強調するように、『差異と反復』は感性に焦点をあてた美学的な企図につらぬかれています。「政治家」の「諸表象の形式」にあらがうのは、「詩人」の「創造的な力能」でした。銀行や不動産屋の書類が街路で燃える光景は、なにより「美しい！」のです。とはいえ、そうした「詩人」たちの「破壊」は、同時に政治的でもある。じっさい『差異と反復』の政治性をつまびらかにする鹿野祐嗣《しかの》によれば、先の引用にみられる「必要な破壊」という言葉も、パリ・コミューンにいたる第二帝政の崩壊をまのあたりにしたランボーの手紙からとられています。だからこそ「詩人」は「永遠回帰の永久革命的な状態」のなかで語るのです。

ただし、注意すべきことがふたつあります。第一に、こうした「詩人」のふるまいは、いわゆる「政治の美学化」ではありえない。かつてヒトラーの台頭をまのあたりにしたベンヤミンは、ファシズムの核心に「政治の美学化」をみてとりました。「政治の美学化」は政治と芸術の双方を「表象の諸形式」に押しこめることで可能となります。ヒトラーにとって、政治とはなにより宣伝であったのでしょうし、「表象」の「秩序」にしたがわない芸術は頽廃として断罪される。ドゥルーズの「詩人」が「破壊」するのは、そうした政治や芸術を包摂しようとする「表象の諸形式」そのものです。この「政治の美学化」の前提をつきくずす「詩人」のふるまいこそ、むしろ「美学の政治化」とよぶべきでしょう。

そして第二に、ドゥルーズのいう「永遠回帰の永久革命的な状態」とは、革命というよりも蜂起そのものであることです。「表象の諸形式」はもっぱら類似や類比、あるいは対立や同一性からなりたちます。だが、それらの手前にはつねに無数の「差異」が見出される。そしてそうした

「差異の背後にはなにもない」とドゥルーズはいいます。

> つねにもろもろの差異こそ、たがいに類似したり、類比的になったり、対立させられたり、あるいは同一的になったりする。すなわち、差異はあらゆるものの背後にあるが、差異の背後にはなにもない。

たいていのものには「背後」があります。より正確にいえば、われわれが接しているのは表面だけですが、つねにその「背後」が想いうかべられている。類似や類比をあやつり、対立や同一性をみてとる。そうやって、われわれじしん、みずからの経験を「表象の諸形式」にとりこんでいる。ただし、そうした身のまわりのもののなかでも、青空と文字には「背後」がありません。そのかぎりにおいて、青空や文字は「もろもろの差異」のうごめく無底のものであるといえるはずです。それらは「表象」から切りはなされている。だから厳密には「感じることしかできないもの」であり、反復することしかできない。「詩人」は青空をくりかえし仰ぎみるのでしょう。文字をなんどもたどりなおすのでしょう。この「背後」のない、あるいは根拠を欠いた反復において「創造的な力能」が語られる。「詩人」の「永遠回帰」とは、こうした零度の反復にほかなりません。

おなじことは、蜂起についてもいえるはずです。ジレ・ジョーヌたちは、打ちよせる波のように飽くことなくやってくる。労組と「壊し屋」という対立の同一性はくずれていく。車に火をつけ、警察にロケット花火をうちこむ。銀行や不動産屋の書類を焼きはらう。その意義をもっともらしく留保すべきではないでしょう。それはなにより「美しい!」のですから。賭けられているのは「感じることしかできないもの」による触発です。蜂起のなかで「人民」となるひとびとは、「詩人」と同様に無底の「差異」にねざしています。「表象の諸形式」に裏打ちされた「歴史」の「秩序」のなかでは、蜂起は革命の前哨にすぎないのでしょう。だからジレ・ジョーヌたちは「フランス革命をやりなおす」という。バスティーユはくりかえされる。「破壊」されるのは「歴史」の「秩序」のなかの革命です。「背後」にはなにもない。ただ「感じることしかできないもの」に触発された反復があるだけです。「永遠回帰の永久革命的な状態」とは蜂起そのものであり、「表象の諸形式」のもとで可視化されるような革命は、打ちよせる蜂起の反復のなかでかき消されていくはずです。

「人民」となるために

はじめの引用を読みかえしましょう。われわれは蜂起という「出来事」のなかで「人民」となる。もはや国民や市民のような「可視的な実体」ではない。「表象」のくびきを「破壊」しつつ、「生成してくる何か」となる。守中によれば、それは「称名念仏が衆生という名の人民を生成させる」ともいいかえられる。

「称名念仏」とは、無限者（「阿弥陀仏」）への帰依（「南無」）を唱えることです。仏像は無限者の「表象」であり、背面をもちますが、「称名念仏」には「背後」がありません。それは文字そのものです。文字といっても、識字の有無は問題にはなりません。なんども唱えることで、念仏は文字と同様に無底の実在となります。文明の「表象」は労働をしいる。それにたいして、念仏という無限者への「微分」的な文字の反復によって触発されるのは、つまるところ「感じることしかできないもの」でしょう。「衆生」＝「人民」は、ドゥルーズの「詩人」とおなじ零度の反復を生きています。そこから生じるのが蜂起であり、それは植民をもくろむ文明の「表象の諸形式」

とは無縁の記憶と思考のはじまりであるはずです。

さいごにマルコ福音書を想いおこしておきましょう。そこではイエスの復活は語られません。処刑の翌朝、マグダラのマリアたちはイエスの墓におもむく。さきにきていた若者がイエスの復活をつげ、ひろく知らせるようにいう。だが、マリアたちは恐怖を感じてにげだしてしまう。復活をのべつたえることもしない。哲学者の三上真司の周到な分析によれば、マルコがこのようにみずからの福音をしめくくったのは、「復活したイエスとは、イエスの物語に耳を傾けるときに私たちの脳裏に現れるイエスで十分」であると考えたからです。

われわれとしては、キリスト教のはじまりが「空の墓」であるのみならず、イエスの復活からの遁走でもあったことに思いをめぐらさざるをえません。すくなくともマルコにとっては、イエスの復活は「感じることしかできないもの」であるべきだったのでしょう。それにたいして、文明の「表象の諸形式」を体現するローマ市民にとっては、そうした二重の空白は嫌悪の対象でしかなかったはずです。もちろんマルコのあとの三つの福音書では、復活したイエスのすがたも描かれる。もはやそれは「感じることしかできない」ものではない。ローマ市民との和解を準備するかのように、「空の墓」や遁走が反復されることはない。われわれの蜂起もおなじ消息をたどることになるのでしょうか？　「背後」を欠いた無底の「〈差異〉」にむかって反復するのをやめてしまうのでしょうか？　バスティーユはやりなおされないのでしょうか？　くりかえしになりますが、たしかなことは、この惑星規模の文明状態のなかで、われわれが青空を仰ぎみるかぎり、そして文字をたどりつづけるかぎり、「感じることしかできないもの」にねざす蜂起は、そこからよびおこされる「詩人」や「人民」とともに肯定されなければならないということです。

II

グーグル小作人たちの
あたらしいラッダイトのために

グーグル小作人のナルシシズム

イタリアの思想家アガンベンの『スタンツェ』には、ながめていると軽い錯誤にさそわれる図像――《ナルキッソスの泉の愛人》と《ナルキッソス》――がおさめられている。中世の恋愛譚から採録されたものだが、そこに描きだされている泉はパソコンのようであり、かがみこんで水面をのぞきこむすがたはモニターにむかうわれわれの日常のふるまいそのものである。

われわれはナルキッソスのように、みずからの像をみつめて恋に落ちているのだろうか？　だとすれば、その「スタンツェ」＝想像の保管庫は、われわれをどのようにつくりかえるのだろうか？　それにしても、泉からコードのように流れでる水路はどこにつうじているのだろうか？

こうしたとりとめのない連想は、さすがにアガンベンの得意とする文献学的な跳躍によっても正当化されないだろう。だが、われわれが中世のナルキッソスの身ぶりに予示的な形象をみてしまうのは、弁護士の牧野二郎が『Google 問題の核心』で指摘するつぎのような現実を生きているからである。

上：《ナルキッソスの泉の愛人》《ナルキッソス》（パリ，フランス国立図書館，Ms. fr. 12595, f. 12 v より引用）
下：エイゼンシュテイン『ストライキ』（1925）の一場面（secondlines.medium.comé より引用）

検索エンジンは、知りたいと思った言葉、単語を入れれば、瞬時に結果を返してくれる。その結果の一番上を見れば、妥当な情報であることがほとんどである。考える必要はなく、知りたいと思えば回答をくれるのだから、アラジンの魔法のランプや白雪姫の魔法の鏡かもしれない。鏡は質問者の意図に沿って、期待したとおりの回答を示してくれるのだから、質問者は大喜びすることになる。「誰が一番きれいか」との問いの背景には、自分が一番きれいだとの思い込みがあり、そう答えてもらうことで満足する自分がいるはずである。鏡は真実を見せるものではなく、質問者の欲望を拡大して見せ付けるだけの存在だということを、グリム童話（白雪姫）が語っていたわけだ。

われわれはグーグルという「土地」を耕作しつづける「小作人」になりはてている。工場での生産にもとづくフォーディズムにとってかわったのは、ポストフォーディズムとよばれる消費に即した生産の形態だった。重視されるのはマーケティングであり、生産は市場の動向に応じてアウトソーシングされる。生産者の影が後退するいっぽうで、消費者は主権者のようにふるまうことになる。

グーグルも、おなじポストフォーディズムのもとにあることにかわりはない。だが、もはや個々の消費者には関心がはらわれない。特定の商品に紐づけられた従来のマーケティングの回路を経由することなく、われわれを直接「クラウド（群集）」として捕獲することをめざす。この「グーグル・モデル」において、われわれはもはや消費者という主権者ではない。グーグルは「検索エンジン」という「鏡」をつうじて「欲望を拡大して見せ付ける」ことで、われわれを支払われない「小作人」の集合につくりかえていく。

こうした「認知資本主義」ともよばれる現在の体制において、資本の蓄積の中核をになっているのは認識や感情といった「非物質的なもの」の捕獲である。資本による包摂は、職場内でのコミュニケーションの奨励やマーケットに密着した生産調整にとどまらない。街路には監視カメラがはりめぐらされ、われわれじしんのイメージという、非物質的なものが刻々と資本に転化される。あらゆる水準での学費の上昇も偶然ではない。学ぶという行為そのものに「レント（地代）」の網がかけられる。金融権力の日常への「浸透」も忘れてはならないだろう。これらの非物質的なものにまでおよぶ支配の基底ではたらいているものこそ、グーグル小作人たちのナルシシズムにほかならない。

しかしながら、こうした非物質的なものの捕獲の体制は時間性にかかわる固有の「矛盾」をかかえている。この体制は認識や感情を捕獲するが、それらをしかるべき時間をかけてつくりだすことはできない。情報や知識についても同様である。知識や情報は、その本性において複製されるものである（複製されなければ伝達されず、知識や情報ではありえないだろう）。にもかかわらず、知識や情報にたいするレントの徴収は、つねに複製の制限をともなう。

矛盾は古典的であるようにみえる。資本家は労働者の賃金をおさえつつ、消費者としての労働者には潤沢な購買力をのぞんできた。だが、いまや資本への転化がもくろまれるのは非物質的なものである。矛盾はつきつめられているといえるだろう。認識や感情、あるいは日常の行為が捕獲の対象となる。そこなわれているのは、知性や感性それじたいである。われわれじしんの個体が生成する過程そのものである。資本と対峙しているのは労働者ではない。われわれの生そのものが賭けられているのであり、見出されるべきなのは、はりめぐらされた「鏡」には映しだされない思考や情動の湧出である。

脳、それは空っぽである

フランスの哲学者ドゥルーズはのちの『シネマ』に結実する講義のなかで、知覚をめぐるベルクソンの見解にもとづいてつぎのように「牝牛」の「認識」について語る。

牝牛は牧草を認識する。まちがうことはない。牧場にでると、牧草を認識する。これは感覚運動による認識のありふれた例である。つまりどういうことか？ 牧草の緑とその形のたんなる知覚によって、食べるという運動行為が牝牛に引き起こされたということである。〔…〕こうした感覚運動による認識のばあいには、あたえられた刺激におうじて、動物はより迅速でより適切な反応をしめす。だから知覚は、作用にたいしてますますなめらかにつづくようになる。〔…〕これは記憶による認識ではない。それでも記憶はそこに存在している。ということは、それは現在のなかに過去が縮約されることで生じる認識なのである。

そして半年後には、人間の「脳」の特異性についてつぎのようにいう。

> 脳とは、刺激と反応との間隙である。〔…〕脳、それは空っぽである。このことが端的に意味しているのは、反応が作用から直接連鎖するのではなく、こうむった作用と引き起こされた反応のあいだには隔たりがあるということである。脳とは端的にいって、時間の隔たり、こうむった作用と引き起こされた反応とのあいだの時間的な隔たりである。〔…〕ある隔たりが私の知覚と反応のあいだにつくられる。この意味でこそ、私の反応には「知性がそなわる」のであり、またそうありうるといえるだろう。

こうした動物と人間の「認識」をめぐる対比の痕跡を、『シネマ』でのとりわけ「リアリズム」にかんする卓見にたどることは容易だろう。あるいは哲学的な洞察としては、知覚と反応の連鎖についてスピノザに由来する因果律をうけいれつつ、人間に固有の自由がその厳格な連鎖に内在する「空隙」や「隔たり」として語られているともいえる。それは出来事を思考するドゥルーズにとって核心をなす議論である。

しかしながら、われわれにとっては、文学理論家イヴ・シトンもその近著『人文学の未来』で強調するように、ここでドゥルーズの語る「認識」の二つの様態は、今日の非物質的なものの捕獲の機制をつまびらかにする手がかりとしても解釈できるだろう。われわれはグーグル小作人として、日夜「検索」という労働に従事している。それは「瞬時」に回答をもたらす。こうして出口のないナルシシズムの連鎖のなかに封じこめられていくのだが、それはわれわれがドゥルーズのいう「牝牛」につくりかえられていく事態といってもよいはずである。「知覚」から「反応」への「感覚運動」のなめらかさの追求こそ、欲望の捕獲装置としてのナルシシズムの要諦である。

興味深いことに、シトンは先の著書の末尾で、この円滑な「反応」への傾斜を「政治のスペクトラムにおける右翼的な極性」の指標としてとらえかえす。じっさい、情報や知識の迅速な流通がめざされるとき、なにより忌避されるのはその処理に遅滞をもたらすような「空隙」や「隔たり」である。称揚されるのはグーグル小作人的なハビトゥスの全面化であり、「効率化」や「連携」の名のもと、あらゆる「空隙」と「隔たり」は「反応」の自動性の強化のためにとりのぞかれる。労働への条件づけは強迫的となり、現実的と僭称する政策をつうじて、技術化された統治の透明性へとむかっていく。

こうした「右翼的な極性」と決別するためには、ドゥルーズのいう「空っぽ」の「脳」にたちかえらなければならないだろう。つくりだされるのは「空隙」や「隔たり」である。そこからあらゆる展望がみちびきだされる。シトンはその筆頭にベーシックインカムをあげているが、それが要求されるのは「空隙にたいする配慮と手当てによって、市場の収益性の直接的な圧力にさらされずに、言葉や思考、そのやりとりのための圏域を確保し出現させることができる」からである。非物質的なものへと亢進する統治にたいする闘争が切りひらく地平は、かつての福祉国家の構想よりもその思想的な深度をましている。たんに生命の保障がもとめられているのではない。その生命にやどる「言葉」や「思考」を賭け金として、無為のための閑暇、錯誤への権利、そして疎隔をふくみもつ動的なアレンジメントがめざされる。

留意すべきは、こうした展望なしには、われわれの生成や変化そのものがありえないことである。「知覚」と「反応」の齟齬のない連鎖においても「記憶」ははたらいているのだろうが、意識されることはない。そこでは「記憶」は「過去」の「縮約」となり、読解も書き換えも不可能なかたちで「現在」の行動が決定される。この「牝牛」＝右翼の円滑な自動性にたいして、われわれの「脳」の「空隙」や「隔たり」においては、「知覚」は読み解かれるべきものであり、予測できない偏差をおびた「反応」が出来する。既存の秩序にはうけいれがたいものにもなるだろうが、この偏差の力能なしには、なんらのあたらしい出来事も到来しないはずである。「空っぽ」の「脳」には、いわば来たるべき「知性がそなわる」のである。

「壊し屋」の思想

ドゥルーズにとって、「空隙」や「隔たり」は特権的なものである。「私の反応」にはそれゆえに「知性がそなわる」のであり、じっさいに彼の著作のいたるところに同様の空孔がうがたれている。精神分析につうじた思想家ガタリとの共著『千のプラトー』も例外ではない。とりわけその一二章では「遊牧」や「戦争機械」といった決定的な概念が展開されるが、そこでも「冶金術」の「多孔空間」が語られることを忘れてはならないだろう。

流体を鋳型なしに変形する「冶金術」というういとなみには、すくなくとも二つの重要なモチーフがこめられている。第一に、鋳型による成型という、アリストテレス以来の伝統的な形相質料の図式にたいする根本的な批判である。「個体化」という観点から同様の批判を展開した哲学者ジルベール・シモンドンへの参照からもわかるように、形相による「命令」をしりぞけつつ、

「冶金術」における質料そのものの「特異性と力」が語られる。そして第二に、こうした「冶金術」は、流体の変形という不可算なものにかかわる。単数の専制に対抗して、複数性を言祝ぐことは意味をなさない。クラウドソーシングの「調達と集約」の原理を想起しよう。複数性は数えあげられ点呼されることで、結局のところ単一なものに回収されてしまう。そうした単数・複数の可算性に対置すべきは、捕獲されることのない不可算なものの漏出である。「冶金術」とは不可算の流体をめぐる思考と実践であり、その形相質料図式によらない変形の反復は、単一なものの超越性にたいする真に対抗的なふるまいとなる。

遊牧性の「戦争機械」が出現するのは、こうした「冶金術」によって無数の空孔がうがたれた空間である。ドゥルーズ＝ガタリはそれをしめす図像として、エイゼンシュテインの映画『ストライキ』のシーンをあげる。文字どおり地表にいくつも穴がうがたれ、そこから無数のひとびとがはいだしている。さきにみたように「脳」とは「空隙」だった。だから、この図像は「脳」のそれでもあるのだろうか？　すくなくともいえるのは、ストライキそのものが「空隙」をつくりだし、そこでは形相の「命令」をしりぞける「冶金術」の変形がくりかえされるだろうということである。そしておなじことは、栗原康が「第二のラッダイト運動」とみなす叛乱についてもいえるだろう。

〔…〕世界各地で第二のラッダイト運動がおこった。一九六〇年代後半、工業化が飛躍的に進展し、社会全体がひとつの工場になりはじめていた。工場ではたらく男性のために女性が家事をになわされ、将来、工場ではたらくために学生が技術を学ばされ、工場の経営をなりたたせるために消費者がショッピングをうながされている。そして、社会全体がひとつの工場になったのだとしたら、家庭や学校、広告やショッピング街は、工場の機械になったといってもいいはずだ。急激な機械化は、生活の場から人間性をうばいとってしまう。しかもひどいことに、うばいとられる側には機械化の是非を問うことさえあたえられない。だとしたら、もういちどラッダイトをおこして時間をつくるしかない。家庭という機械をたたき壊すこと、学校という機械をたたき壊すこと、消費という機械をたたき壊すこと。いちど機械をとめて、ゆっくりと考えてみる。自分はいかに生きるべきか、と。あるいは、行動をつうじて表現してみる。自分の生きかたは自分で決める、と。一九六〇年代後半、それぞれの生活の場から、無数のラッダイトがあらわれた。

一九世紀はじめのラッダイト運動は、工場の機械をとめることだった。だが、一九六〇年代後半には社会そのものが「工場」となる。だから、われわれのふるまいを自動化する社会という空間に空孔をうがたなければならない。このあたらしい「ラッダイト」はたんに物理的な破壊をめざすのではない。「別の日常を想起させること」、あるいは「表現を触発するために、ひとが群れあつまり、自由にふるまえる解放区をつくりだすこと」がもとめられる。流れはじめるのは、まさに「空隙」や「隔たり」としてのストライキの時間である。そこでは「ゆっくりと考えてみる」ことができる。「自分の生きかたは自分で決める」という、鋳型のない「冶金術」をつうじてわれわれじしんの生成と変化がつむぎだされる。

もちろん、栗原じしんもいうように、現在の非物質的なものにもおよぶ統治の「機械」はいっそう「狡猾で巨大」である。とはいえ、「ラッダイト」が無効なわけではない。じっさい、ヨーロッパのいわゆる「壊し屋」はその証左だろう。彼／彼女らはデモにあらわれる。隊列のなかで遊動することもあれば、断幕で方陣をつくることもある。それは既存の労働組合等によって組織されたデモの空間に空孔をうがつことだろう。そして、ときにそこから漏出して「無数のラッダイト」におよぶ。標的は企業の建築物などである。そこで働く者たちに危害をくわえることはない。しかも、さきにふれたシトンもいうように、この「壊し屋」の行為は略奪でもない。

ここでの賭け金は、もはや収奪されたものをとりもどすことではなく、特権者が厚顔にも身につける恥ずべき余剰を破壊することである。したがって、財の流通と占有のグローバルな体制が告発されているのであって、手の届かない財産をみずからのために獲得する必要があるのではない。それはその体制にたいして二重に反逆することである。敷石を投げつけてショーウィンドウを割っても、そこにあるヴィトンの（本物の！）バッグなど盗みたくもないというのだから。こうしたふるまいが「革命的な」次元をそなえているとすれば、それは高級品店を襲撃するからというよりも、われわれにあてがわれているものを奪うことを拒否するからだろう。

われわれを蝕んでいるのは欠如ではなく過剰であり、その「恥ずべき余剰」へと日々「牝牛」のように誘導されている。「壊し屋」の行動は、そうした肥育にたいする「拒否」をごく端的に表現しているにすぎない。標的は「高級品店」にかぎらない。ファストフードの店舗や生命保険会社の社屋も襲撃される。カプチーノが飲みたいのでも、あてにならない保険の契約を結びたいのでもない。大学授業料の値上げをもくろむイギリス保守党の本部のガラスも割られたが、そこにも奪い返すべきものはなにもないはずである。高級品、ファストフード、生命保険、そして授業料。捕獲の過剰が問われているのであり、奇妙なことに、それらの捕獲装置はいずれも「鏡」のようなガラスにおおわれている。「知覚」と「反応」のなめらかな連鎖を誇示しているのだろうか？　たしかなことは、「壊し屋」たちはそこに映るみずからのすがたを打ち砕き、それによってうがたれた空孔のなかに、捕獲されることのない思考と情動をさぐりあてようとしていることである。

夜の歌をうたえ！

人類学者ピエール・クラストルは『国家に抗する社会』で、夜ごと森にわけいって「独唱」するインディオの男たちについてつぎのようにいう。

もし人間が「病める動物」であるとすれば、それは人間が単に「政治的動物」であるだけではないからであり、不安の中で、人間の裡に棲む大いなる欲望が懐胎されるからなのだ。それは、運命としてかろうじて受容される必然性、人間を支配する必然性から逃れ、交換の拘束を斥けるという欲望、人間の条件から解放されようとして自らの社会存在を拒否する欲望である。というのも、人間は、自分が〈社会という領域〉の現実に貫かれ委ねられていることを知っているからこそ、この現実に還元されたくないという欲望、現実から逃れたいという郷愁をもつのだから。何人かの野蛮人の歌でも、注意深く耳を傾ければ、それが歌そのもの《ル・シャン・ジエネラル》であり、そこに普遍的な夢、あるがままの自己から脱しようという夢が眼ざめているのを知ることができる。

ドゥルーズ＝ガタリはさきにふれた『千のプラトー』の一二章で、クラストルを参照しつつ国家の捕獲に抗する「戦争機械」の概念をねりあげていた。じっさい、クラストルによれば、「野蛮人」は国家以前の未開の状態にあるのではなく、その支配にあらがう「社会」をつくりだす。

そこでは反国家的なエートスがつらぬかれている。過剰な生産は権力を発生させるので、労働は最小限におさえられる。男が狩猟によって食料を確保するにしても、じぶんの獲物を食べることはできないし、その生産性からくる権威は一妻多夫制などによって抑止される。「野蛮人」の「社会」は、国家の捕獲に抗する「戦争機械」として、徹底した平等の原理につらぬかれている。だが注目すべきは、そうした「社会」のなかで、聴く者もない「歌」が夜ごと森のなかでうたわれることである。その孤独な「歌」は「社会」の「交換の拘束」や「人間の条件」をしりぞける。そしてその「歌」には「普遍的な夢」がやどる。国家的なヒエラルキーに抗する「社会」があり、さらにその「社会」の「必然性」にうがたれた空孔としての「歌」が夜にひびきわたる。

　われわれにとって、引きだすべき教訓はあきらかだろう。グーグル小作人たちの住む「社会」は平等なコミュニケーションをうながしているようにみえる。だが、その「交換の拘束」がつくりだすのは、「知覚」と「反応」のなめらかな連鎖に封じこめられた「調達と集約」のための空間にすぎない。われわれの閉塞感もそこからくるのだろうが、右翼はその捕獲の自動性を強化するだけである。そこなわれているのは「空隙」や「隔たり」であり、そこには捕獲や成型をまぬがれたわれわれじしんの生成と変化が「縮約」されている。あたらしい無数のラッダイトが構想されなければならない。標的は「知覚」と「反応」の連鎖の自動性である。そのかぎりで「壊し屋」は肯定できるのだろうし、叛乱はくりかえし再開されるはずである。「戦争機械」によってうがたれるのは無数の空孔である。クラストルの美しいテクストを何度でも読み返そう。われわれの空孔には「野蛮人」の孤独な歌が鳴りひびいている。みじめな牧場のコミュニケーションから脱しようという「普遍的な夢」への覚醒がはじまっているのである。

就活のアンナ・R

さいわいバカ学生だったきみは「わたし＝ウラン・チップ」を名乗りながらも、ときおり「わたし」の脳裏をかすめる「本当のわたし＝ウランとは？」という疑問符にとらわれるようになった。ところが、きみは紙一重で就職にこぎつけ、めでたく「サラリーマン＝ウラン・チップ」にたどりついた。〔…〕無職の友人はあれこれ言うが、ほかにどうしろというのだろう。――アンナ・R家族同盟

「就活」の起源

一九七七年の聖霊降誕祭の月曜日、スイスのゲースゲンには数千人がつめかけていた。原子力発電所の建設をやめさせるためである。のちにアンナ・Rとよばれることになる二一歳の女性もそのなかにいた。抗議の群衆が立ち去ったあとも、彼女はその場にひとりたたずんでいた。「静かに見聞きしたことをよく考えたいと思った」からである。だが、警官がそれを不審なふるまいとみとがめて逮捕する。彼女は留置され、ろくな取調べもなしに精神病院へと送られてしまう。治療を拒否した彼女を待ち受けていたのは、電気ショック療法という残酷な処置だった。

事件をつたえるロベルト・ユンクも指摘するように、核開発をになう当局による「公然たる攻撃」は、身体的な「神経組織や脳髄」にまでおよぶ。フクシマ以後、あらためて「来たるべき生権力」が論じられるのも偶然ではない。アンナ・R事件とおなじころ、フランスの哲学者フーコーは「統治性」の変化のきざしをみてとった。やがて「コントロール社会」（ドゥルーズ）が語られるようになり、今世紀にはアガンベンが指紋認証を課す米国への渡航を拒否するだろう。核施設の運営に端を発する統治の技法は、われわれじしんにたいする不断の監視とともに浸透しつづけてきた。アンナ・Rのエピソードは、今日の統治性の起源をしめしている。

じっさい「就活」という苦役のはじまりも、核施設の労働者にたいする統治の体制にもとめることができる。そもそも核分裂は完全には制御できない。だから核施設の維持のために、そうした制御の不可能性を施設の外へと無際限にくりのべていくほかない。発電所は何重にも防護され、廃棄物の保管は数万年が想定される。周辺の住民には、キャンペーンが倦むことなくつづけられる。そしてこの体制のもとで、労働者へのまなざしは偏執的なものとなる。監視カメラや認証システムのいちはやい導入だけではない。採用のさいには、思想信条から生活習慣まで精査される。ボルト一本、プログラム一本の瑕疵も見逃すことはゆるされない。そして核施設とおなじコントロールの網目は、コップから水があふれでるように関連企業にひろがっていく。

不穏な見解をいだいていないか？　不道徳な生活や反抗的な性格がみとめられるのではないか？　アンナ・Rの事件の当時は、こうした求職者への「人物テスト」の導入は指弾されてしかるべきものだった。だが原理的に、不吉な影はぬぐいきれないだろう。「信頼度の高い者」を採用するために、就職の基準はいっそうきびしくなる。「先入見」にみちた「検査」が「生活規則」となる。「原子力産業」について語るユンクは、われわれの現在を予見していたかのようである。

順応し、適合し、服従し、そしてこのような行動様式を周囲のもの、つまり極度に危険な人間‐機械システムに広げていくような性格や気質が、そのような企業の要請のもとで好まれるようになることは、ほとんど避けられないであろう。しかし、義務づけられた調査がやがて、恣意的なものとわかってしまうような他の領域とはちがって、原子力産業では、圧倒的な強制力が正当化のために利用される。不従順あるいは不注意によって引き起こされる大惨事の危険性が、これを正当化するのである。テクノクラートたちは、こうして自らが非常時に備える遂行機関であるかのように装うことができる。しかし、このような状況はそもそも彼らがはじめてつくりだしたものなのである。

この予見を修正しなければならないとすれば、われわれの心身におよぶ捕獲は「他の領域」であれ緩和されることはなかったという点である。しかも、核施設の爆発にもかかわらず、それを雛形とする「強制力」はたかまりつづけている。危機管理の恒常性のなかで「企業の要請」は強迫的ですらある。ネオリベラルな強権がねざす装置は、南では軍事政権だったが、おそらく北では核施設である。アンナ・R家族同盟がいうように（本章エピグラフ）、われわれは「サラリーマン＝ウラン・チップ」になるほかないのだろうか？　反原発運動の高揚はなんだったのだろうか？　はじまりとみなされていたものは、挫折のくりかえしにすぎないのだろうか？　そして結局のところ、無力そのものの忘却を生きることになるのだろうか？

アンナ・Rの起源の情景が想起させるのは、そうした無力さに孤独のなかで沈潜することのスキャンダルである。ひとりでよく考えるためにたたずむ。それは推進派であれ反対派であれ、そこではたらく統治性そのものをしりぞけることでもある。アンナ・Rには自己マネジメントもなければ、その実践をつうじて周囲と連接しようとする意思もない。問われているのは、自己統治や社会的包摂なしに生きることの肯定である。

反労働のアレゴリー

カナダの社会理論家モイシェ・ポストンも縷々説くように、マルクスにとっての標的は労働そのものだった。コミュニズムは労働者の解放をめざしたのではない。賭けられていたのは、労働そのもののくびきをとりはらうことである。このことを十全に思い描くために、マルクスがボードレールとおなじ時代の帰趨を生きたことを想いおこしておこう。パリからブリュッセルへの流謫のなかで『共産主義者宣言』が執筆される。刊行は一八四八年の二月革命の直前だが、注目すべきは、このコミュニズムの生成において、当時、もっとも代表的だったプルードンの社会主義的な構想が切り捨てられることである。

同様に、ボードレールにとっても、プルードンは親炙の対象ではなくなる。二月革命以前、高名な革命家は詩人のいわば英雄だった。プルードンが大食漢であることに違和を感じながらも、会食の機会を嬉々として享受するボードレールがいた。だが、二月革命から六月暴動をへて、違和感は決定的なものとなる。プルードンにとっての革命とは、労働者がみずからの労働によって社会をつくりあげることだった。だから六月の暴動は悲惨な逸脱にすぎない。それにたいして、ボードレールは六月暴動の内戦状態に高揚し、銃を手にバリケードの周囲をうろつく。「かくも多くの約束、かくも多くの発砲！　あなた方は即刻の解放と即座の幸福を宣言したのである」。湧出していたのは、労働や社会そのものにたいする罷免である。

ボードレールの切迫した調子は、マルクスのプルードン批判の書『哲学の貧困』の末尾に引かれたジョルジュ・サンドの言葉（「闘いか、死か。血まみれの闘いか、無か。問題は厳として、こう提起されている」）とよくひびきあうだろう。そして、この共振に繫留しつづけたのがベンヤミンだったことも銘記しておこう。彼は『パサージュ論』のためにパリの国立図書館にかよいつめた。そのすがたは、大英博物館で『資本論』を執筆するマルクスの反復である。「神話的暴力／神的暴力」にせよ、「シンボル／アレゴリー」にせよ、ベンヤミンのねりあげたいくつかの概念は、ボードレールとマルクスの交錯を想いおこさせる。

たとえばベンヤミンの『ドイツ悲劇の根源』では、「シンボル」は体系のなかで意味が充当されるという。それは革命の大義によって個々の戦略が評価されるのとおなじである。それにたいして「アレゴリー」は断片的である。それは体系や大義を知らない。だから「アレゴリー」を肯定することは、街路でタギングを刻みつけるのとかわらない。この「シンボル／アレゴリー」のいわば政治的な含意は、彼の「暴力批判論」ではいっそう明瞭となる。革命の「神話的暴力」において維持されているのは、「シンボル」に意味を担保するような体系や大義である。「神話的暴力」は構造化されているのであり、それにたいして蜂起の「神的暴力」は、そうした「シンボル」を可能とする体系そのものをとりはらう。

政治哲学の研究者である濱本真男によれば、われわれに労働をしいるのは資本ではない。「人を労働させる権力の根本はあくまで社会の理論にあるのであり、そこから派生する資本主義、あるいは資本主義の形態的変容にあるのではない」。この驚くべき言明も、それがアレントの綿密な読解からみちびきだされていることを知れば腑に落ちるはずである。ベンヤミンの遺稿『歴史の概念について』を託されたアレントの語る「公共性」を、穏当な複数性におしこめる必要はない。それは社会的な所有関係から離脱した「世界そのもの」であり、ひとびとはそこで社会に紐づけられていない固有の「アレゴリー」となる。彼女の「革命」にたいする猜疑も当然だろう。プルードンをしりぞけたマルクス＝ボードレール、あるいはベンヤミンの系譜における「公共性」とは、非体系的な「アレゴリー」が無媒介に照らしあう経験へとむかっている。しりぞけられるのは、労働によって体系的に組織された社会そのものである。『人間の条件』の末尾に引かれたのは、古代ローマの雄弁家カトーのつぎのような言葉だったことを想起しておこう。「なにもしないときこそもっとも活動的であり、独りだけでいるときこそ、もっとも独りでない」。

被曝社会との契約とはなにか？

アンナ・Rの逮捕から、われわれの「就活」ははじまった。彼女の罪状は、ひとりで静かに考えようとしたことである。その謎めいたすがたは、今日の統治性からすれば読解不可能なアレゴリーにほかならない。紐づけの欠落したふるまいは、「シンボル」によって体系化されている社会のただなかに「アレゴリー」の緊張をもたらすだろう。それが古代の雄弁家のいうように「もっとも活動的」で「もっとも独りでない」ならば不穏ですらあるはずである。

よびおこされるのは、社会や労働と敵対する蜂起を思考した者たちの系譜である。じっさい、さきにふれた濱本が主題的に論じるのは「過労死」であるが、そこでも「社会の理論」が支配し、「社会的生活の喪失可能性が生死の境界に位置づく極限的な労働条件を許すほどには十分に脅迫的である」という。「就活」にまつわる自殺についても見過ごしてはならないだろう。ボードレール（「かくも多くの約束、かくも多くの発砲！」）やマルクス（「闘いか、死か」）の切迫は現実のものである。しかも、われわれに「就活」や「過労死」をしいるのは「被曝社会」でもある。思想家の矢部史郎はその成立の機制についてつぎのようにいう。

被曝労働者の人権を侵してきた「閾値」の神話は、いま社会の全域に適用され、胎児や乳児までが受忍を要求される事態を生んでいる。放射能の安全神話は崩壊するどころかむしろ拡大していると言える。そうして我々はこれまで被曝労働者の被害に目をつぶってきたのと同じやり方で、目をつぶるのだ。我々は無関心を装うのだ。なんのために？　社会の護持のために。

低線量の被曝のばあい、一定の閾値以下では健康被害が「無視しうる」とされる。これが閾値《しきいち》の「神話」であるが、現実にはなんらかの影響がでることはまぬがれないだろう。このわずかな犠牲を「否認」しつつ、いわゆる閾値なしモデルとの誤差を「受忍」することで、われわれの「被曝社会」は成立する。労働そのものが被曝であり、その事実に「目をつぶり」「無関心を装う」ことによって社会が維持される。神話的な否認のもとで、誰もが社会の「護持」のために「被曝労働者」であることをしいられているのである。

こうした状況のもとで、ルソーへの関心が必然的に浮上する。われわれは近代の後期を生きているといわれる。あるいは金融市場の肥大のなかで、資本主義のゆきづまりがくりかえし語られる。いわく、近代も資本主義も、たかだかヨーロッパで一八世紀のなかごろに誕生したものにすぎない。それゆえその危機や変質は不可避的なものである、と。だが、こうした議論は近代や資本の支配の終わりを想定しつつも、しばしば社会そのものの消息をみつめようとしない。その意味でルソーへの遡行は決定的である。なぜなら、それはわれわれを社会の誕生に立ち会わせるのみならず、被曝を強制するにいたった社会じたい、それが打ち捨てることができるものであるという展望をもたらすからである。

とはいえ、すでに社会の誕生はいくとおりかの仕方で議論されてきた。政治思想史的な観点からは一七世紀の絶対主義国家が契機となるのだろうし、一九世紀はじめの社会学の成立にさいして、その対象となる社会がつくりだされたともいえるだろう。だが、前者は国家の支配状態としての社会を想定しているにすぎない。また後者についても、厳密には「社会問題」の出現というべきだろう。すくなくとも、ルソーに社会の誕生をみてとることの利点は、それが一八世紀なかごろに生じた美学的なものの派生物だと理解できることにある。この世界を物理学や形而上学の抽象を介することなくとらえること。それが当時のバウムガルテンの『美学』やディドロの美術批評の賭け金だった。だが、ルソーの『人間不平等起源論』の独創は、起源に孤独な「野生人」の感性的な世界のひろがりを仮構したことだった（本書「反社会的なもの」参照）。その結果、それまで自然なものとみなされていたアンシャンレジームの共同性は、「社会」という恣意的な構築物として見出される。

したがってルソーの「社会契約」は必然的なものではなく、いつでも破棄できるものである。「社会契約が破られるならば、各人は自分の最初の権利をとりもどすまでのことである」。そのかぎりで、それは蜂起の神的な暴力をふくみもつといってよい。しかも注意すべきは、当時の啓蒙思想一般に「スピノザ的想像力」の隠然たる痕跡をみてとることができることである。げんにルソーの「野生人」は、『エチカ』で語られる「コナトゥス（自存力）」の概念によって一貫して解釈できるだろう。そして『社会契約論』でつぎのようにのべられる「一般意志」も、スピノザの「共通概念」とつきあわせるべきものである。

一般意志は、全体意志と異なるものであることが多い。一般意志は共同の利益だけを目的とするが、全体意志は私的な利益を目指すものにすぎず、たんに全員の個別意志が一致したにすぎない。あるいはこれらの個別意志から、過不足分を相殺すると、差の総和が残るが、これが一般意志である。

スピノザにとって「共通概念」とは、ふたつ以上のものの合成関係をあらわしている。それは媒介による結合である抽象とはことなる。この「共通概念」の無媒介な結びつきのひろがりをつうじて、われわれはより能動的となっていく。同様に、ルソーの「一般意志」も、二人以上のあいだにある「差」の総和である。それが「差」という無媒介な関係にねざすかぎりにおいて、全体に媒介されて超越的になることはない。逆に「全体意志」が「私的な利益」に収束するのは、それが「個別意志」を抽出した上位のレイヤーをつくりだすからである。「全体意志」は「個別意志」をたばねる専制となりうるが、それにたいして「一般意志」は「個別意志」の直接的な連鎖のひろがりである。この意味で、ルソーの「社会契約」はいつでも破棄できるだけでなく、超越的な支配にたいする特異な「差」の合成の共振にもとづく。これが社会なるものの理論的な源泉であるならば、われわれは「被曝社会」との「契約」を解除できるだろうし、われわれはみずからの自然を、アンナ・Rの孤独、もっとも活動的であり、もっとも独りでない孤独とともに見出すはずである。

セミかアリか

スピノザが『エチカ』を執筆していたころ、ラ・フォンテーヌはイソップの「セミとアリ」に取材した寓話を著していた。冬がきてセミは空腹になったので、アリから穀物を借りようとする。だが、アリのこたえはにべもない。

「暑い季節にはなにをしていたの。」
アリは借り手のセミに訊く。
「夜も昼も、みなさんのために、
歌をうたっていましたの、すみません。」
「歌をうたって？　そりゃけっこうな。
それじゃこんどは、踊りなさいよ。」

ラ・フォンテーヌが対峙していたのは、ルイ一四世によるヴェルサイユ宮殿の建設をつうじた統治のはじまりだった。それまでの王権は、固定した居城をもっていなかった。君主は封建領主のあいだを巡回して歓待をうける尊大な寄食者だった。この伝統を決定的にくつがえしたのがヴェルサイユ宮殿である。以後、封建領主たちは君主のまなざしがゆきわたる宮廷に寄宿する無力な宮廷人となる。ルネサンス的な遊興は影をひそめ、ヴェルサイユという巨大な統治装置の運営のために官僚制がととのえられていく。だから「アリ」は吝嗇なのではなく、たんに組織的で規律正しいだけである。それは出現しつつあった近代の統治性そのものであり、この「アリ」の冷徹さのまえでは詩人である「セミ」は空腹をかかえて踊りつづけるしかない。

核施設はわれわれのヴェルサイユなのだろうか？　たしかなのは、それがたんなる発電所ではないことである。その制御不可能性をつうじて、社会全体が不断のコントロールのもとで更新されつづける。リスクのマネジメントがつねに語られ、それが生そのものを実質的に包摂するとき「就活」の体制もできあがる。われわれの人生は「プレゼン」の連続となり、たとえばフィギュア・スケートというマイナー・スポーツに否応なく感情移入させられる。もともと米国の白人貧困層の人気を集めていたこのスポーツは、われわれの生きる「就活」のイメージが凝集したものでもあるだろう。くりかえされるのは、長い訓練のあとに奇妙な衣装をつけておこなわれる演技であり、その評価を祈りながらまつことである。

だが、われわれのヴェルサイユは爆発してしまった。ゴルバチョフの回想がほんとうならば、ソ連の崩壊はチェルノブイリに起因するという。近代を始動させた絶対王権にヴェルサイユという装置が必要だったように、今日の「レイト・モダン」（バウマン）の社会を維持するためには核施設の強度がもとめられるのだろう。したがって、その破綻が意味するのは、近代の、資本の、そして社会そのものの終焉であるはずである。だが、むきだしとなったのは、社会の神話的暴力である。そこにはたらく否認と受忍の力学によって、たとえば「兄ぃ」と称する人物は、食品や環境の放射線量を計測するひとびとにネットでいやがらせをつづける。キーワードは「信者」である。彼をうけいれるはずの「社会」は、放射能で汚染されていてはならないのだろう。彼こそが「信者」であり、信仰の対象は「被曝社会」である。

われわれとしては、社会の終焉を生きる準備をするほかないだろう。ひとりたたずむアンナ・Rのすがたは、別のはじまりの「アレゴリー」でもある。くりかえすが、あたらしい社会が可能なのではない。自己への支配を解除し、社会的包摂との連接を断ち切ること。フィギュア・スケートへの感情移入からぬけだすこと。われわれは失業の恐怖にかりたてられている。たえがたい圧力はくつがえさなければならない。「被曝社会」との契約はなりたたない。だからイヴ・シトンは討論番組でベーシックインカムの構想について熱弁をふるうのだろう。社会そのものと訣別するために、別の感受性と別の生活の形式をつくりださなければならない。歌をうたっていたのなら、踊るしかないだろう。われわれは「ウラン・チップ」ではなく、読解不能な「アレゴリー」とならなければならない。

2068

婚活のネーション

ふたりとも　とても　しあわせな　きもちで
そこに　すわっていました。　――アーノルド・ローベル「おてがみ」

いかなる物も、外部の原因によってでなくては滅ぼされることができない。
――スピノザ『エチカ』第三部定理四

「和婚」が静かに流行しているという。二〇一三年六月二五日付の東京新聞のコラム「みやこdeプチブーム」によれば、ウエディング業界が不況のあおりをうけて苦戦するなかで、「和婚」の専門誌『日本の結婚式』は創刊四年目をむかえて部数も六万部に達している。人気の理由は、費用が安上がりであること、結婚年齢の上昇にともなって挙式に落ち着いた雰囲気がもとめられていることなどがあげられるが、同誌の編集長がなにより強調するのは三・一一以後の状況の変化である。「三・一一を契機に、自分たちのためだけではなく、親を含めた家族のために結婚式を挙げる人が増えました。それには和婚が最適なんです。神社などで挙げる結婚式は一生もの。結婚式の日だけを楽しむのではなく、何度でも帰ってこられる場所をつくってほしいですね」。

このような「和婚」について、伝統の発明をみてとるのはたやすい。じっさい「和婚」の起源は浅いものである。一九〇〇年（明治三三年）、のちの大正天皇が結婚したのをきっかけに、翌年には神宮奉斎会（現在の東京大神宮）で皇室の儀礼を模した結婚式がおこなわれるようになる。柳田國男も強調するように、それまでの庶民の結婚式はもっぱら自宅でおこなわれ、祝詞が吟じられることがあってもごく簡略なものだった。

しかしながら、注意すべきは、「和婚」の当事者たちも、その伝統の構築性を十分に意識していることである。たとえば別の専門誌『和婚』では、上記のような「和婚」の成立の経緯の説明とともに、東京大神宮での挙式プランが提示される。謳い文句は「日本人の正統なる婚儀を守り伝える神前結婚式を創始した縁結びの神社」である。いったい「守り伝える」と「創始」とは、どのように整合するのだろうか？　この腑におちない撞着からも徴候的にうかがえるのは、「日本人の正統」をつくりだそうとする政治的な意志である。

現行の憲法第二四条では、結婚は「両性の合意のみに基づいて成立」する。それにたいして明治期の皇室の儀礼を参照する「和婚」は、現行憲法の婚姻のあり方にたいする敵対をふくんでいる。旧憲法には婚姻にかんする条文はない（そのことじたい、考察にあたいするだろう）が、旧憲法との想像的な連続性を志向する自民党の改憲案では、まずなにより「家族」が「社会の自然かつ基礎的な単位」であるとさだめられる。そして愛する者たちの「合意のみ」という、現行憲法における婚姻のいわば絶対性は、「家族」との関係によって相対化されてしまう。「自分たちのためだけではない、親を含めた家族のため」の「和婚」は、こうした改憲案と平仄をあわせつつ、文化のローカルな回路をつうじて（「何度でも帰ってこられる場所」）、自民党が思いえがくような秩序への自発的な隷従をつくりだすといえるだろう。文化の名のもとに馴致されようとしているのは、三・一一を「契機」とした連帯の欲求である。標的は九条だけではない。愛する者たちの平等主義にも、たがはめられようとしている。われわれとしては、現行憲法のラディカリズムがねざす地平をふりかえっておく必要があるだろう。

第三世界プロジェクト

インド出身の歴史家ヴィジャイ・プラシャドの『褐色の世界史』はつぎのような言明ではじまる。

第三世界は場所ではない。プロジェクトである。植民地主義に対する果てしなくも見えた闘いの中で、アジア、アフリカ、ラテンアメリカの人びとは、新しい世界を夢見た。何にも増して尊厳を求めたが、土地、平和、自由という、生命に不可欠なものも希求した。人びとは抗議と希望の声を集めて複数の組織を生み、その指導者たちは要求の指針を練り上げていった。

第三世界が「プロジェクト」であるというアイディアそのものは、フランスの植民地だったマルティニーク島出身の革命家ファノンの『地に呪われたる者』に由来する。だが、プラシャドはそれにいっそうの浮力をあたえる。フランス革命の第三身分と同様に、第三世界という概念は特定の「場所」から離脱し、第一次世界大戦以後の世界史を別様にとらえることを可能にする。プロジェクトの起源は、一九二七年にベルギーのブリュッセルで開かれた「反帝国主義会議」である。レオポルド二世以来、ベルギーの植民地だった「コンゴ自由国」における支配の様相は残虐をきわめていた。英仏などにくらべて、ベルギーは小国ゆえに非難が集中しやすかったという事情もあるだろう。当時の外務大臣が第二インターナショナルだったこともあるだろう。こうした状況において、パリやベルリンでは不可能だった、帝国主義の植民地支配を告発する会議がブリュッセルで実現する。

参加者たちは会議のあと、インドのネルーをはじめとして、それぞれの地域での闘いをつづけた。一九五五年のバンドン会議はそうした第三世界プロジェクトの最初の頂点であり、以後、五九年のキューバ革命、六一年の非同盟諸国運動会議（ベオグラード）、六六年の三大陸人民連帯会議（ハバナ）があり、ベトナム戦争では米国の支配がしりぞけられる。プラシャドが『褐色の世界史』の第一部で語るのはこうした対抗のはなばなしい連鎖であるが、彼の広範かつ多岐にわたる記述は、プロジェクトが第一・第二世界の内部にも還流する委細にもおよぶ。ブリュッセルの会議の賛同人には、アインシュタインやロマン・ロランや魯迅の名があった。会議じたいは反帝国主義連盟の結成へとつながるが、おなじ時期のヨーロッパでの人民戦線、あるいは米国の作家ドス・パソスの『USA』三部作が描きだしたサンディカリズムの隆起を想いおこそう。それらの共鳴のなかで、反帝国主義連盟は植民地支配を正当化する国際連盟と対峙しつづけ、そのことが第二次世界大戦後の国際連合の誕生をうながす。国際連合が植民地支配にたいする闘いの主要な舞台となったのはけっして偶然ではない。

こうした第三世界プロジェクトの進行のなかに、われわれの憲法を位置づけることは容易である。東京裁判でのインドの親和的な態度、あるいはニューディール左派の知識人たちの草案への関与だけではない。敗戦の焦土のなかで、そこに書きこまれたのは「新しい世界」を生きるための「尊厳」であり、「土地、平和、自由という、生命に不可欠なもの」の「希求」である。第三世界プロジェクトが帝国主義との闘いであるならば、国際連合の成立と同様に、われわれの憲法もおなじプロジェクトのひろがりにねざしている。九条はカント的な「永久平和論」の遠い反映であるだけではない。それは帝国主義が遂行する戦争をしりぞけるラディカルな表明である。

同様のことが「婚姻」にかんする二四条についてもいえるはずである。それが「合意のみに基づく」というとき、われわれが想起すべきは反植民地闘争における「ネーション」の形成である。プラシャドは植民地には、ヨーロッパ的なネーションにみられるような統一性はなかったという。植民地のネーションは、言語や宗教にもとづくものではない。それは複数の言語や宗教のもとで、宗主国との敵対についての「合意」をつうじてねりあげられる「政治的なネーション」である。

だが、そうした「政治的ネーション」の根底には、抗争をつうじて生じる情動の編成が滞留していることを忘れてはならないだろう。そのかぎりにおいて、二四条に書きこまれた結婚はネーションである。フランス革命の先触れである『フィガロの結婚』を想いおこそう。フィガロとスザンナという平民のカップルは、二重の障害をのりこえる。スザンナの「初夜権」を要求するアルマヴィーヴァ伯爵は国家の秩序を体現し、借金をたてにフィガロとの結婚をせまるマルチェリーナは経済権力そのものである。こうした国家や経済の拘束をしりぞけて、ふたりの「合意のみに基づく」結婚が成就される。当時のドイツ皇帝はこの作品の上演を拒否した。不穏な含意はあからさまだったのだろう。

　フランス文学研究者の水林章によれば、こうした『フィガロの結婚』の「抗争的世界の創出」は、ルソーの「野生人」の系譜にあり、その社会から離脱した形象からは「ともに生きる意志と自然的帰属関係からの自己剝奪」がみちびきだされるという。貴族や債権者の拘束にせよ、あるいは植民地にたいする宗主国の支配にせよ、それらが強制するのは「自然的帰属関係」である。それにたいして、社会的な共同性に帰属しない「野生人」の「自己剝奪」をつうじて、あらためて「ともに生きる意志」が見出される。水林はそうした「意志」が「共和国」をつくりだしたというが、われわれにとっては、それは植民地支配に抗する「政治的なネーション」であり、愛する者たちの「合意のみに基づく」ネーションである。ネーションのこうした「抗争的」な編成の機制は、ルソーの熱烈な読者だったカントの「啓蒙」や「永久平和論」にもはたらいていることを確認しておこう。彼の「啓蒙」の主体は、いわば教養ある「野生人」であり、諸国家の利害から離脱している。「啓蒙」も「永久平和論」も、感情の普遍性を生きる「野生人」の孤独な判断にもとづくのであり、ネーションと同様に美学的な基層にねざしつつ、国家や経済の拘束をしりぞける。

婚活のネオリベラリズム

現行憲法のラディカリズムは、第三世界プロジェクトの文脈のなかで解釈することができる。反戦という、プロジェクトの明確な指標をふくむ九条はもちろん、婚姻にかんする二四条も第三世界の政治的なネーションとおなじ機制のうちにある。フィガロとスザンナが貴族と債権者に対抗したように、第三世界のネーションは抗争的な関係のなかでねりあげられた。ネーションの美学的な感情にもとづく平等主義は、国家や経済の位階をともなう体制とはあいいれない。

こうしたネーションの自律性は、カントの「啓蒙」や「永久平和論」とひびきあうのだろうが、それは「合意のみ」という、極限的なある種の貧しさのなかにある。じっさい、モーツァルトのオペラは社会関係を消去するような「暗闇」のなかでフィナーレをむかえるのであり、またそうした啓蒙思想の暗部を知悉していた坂口安吾は、敗戦直後の四六年に発表した短篇小説「戦争と一人の女」で戦時下の「夫婦と同じ関係」を性愛だけにきりつめる。そこでは「全てが滅茶々々となる予感のなかで、「二人自体のつながりの姿」だけがある。「約束」の内実には「家庭的な愛情」はないが、空爆のなかでひたすら「淫蕩」にふけりつづける。ふたりは「愛情の永続」のために、戦争が終わることを恐れるだろう。ここには感情を基盤とした対抗的なネーションの究極のすがたがあるというべきだろうか？

いずれにせよ、プラシャドによれば、第三世界プロジェクトは七〇年代のベトナム戦争の勝利をさかいに後退をしいられる。プロジェクトにたいする攻撃は、もっぱら新自由主義と文化主義というかたちをとる。興味深いのは、そうした攻撃のなかで政治的なネーションが見失われていくとともに、『フィガロの結婚』や憲法二四条にあらわれていたラディカリズムもそがれていったことである。

まず第一の新自由主義だが、それが植民地経営のヴァリエーションであることを確認しておこう。政府は植民地を経営する東インド会社のように、収支のバランスシートにもとづいて収奪をつづける。住民は福祉を享受する展望もなく、監視によって不断の労働をしいられる。かつてベルギーの植民地だったコンゴ自由国のように、怠業のみせしめとして手首を切り落とされることはない。だが、今日の労働への封じこめは、労働市場の不安定化をつうじておこなわれる。そのなかで対抗的なネーションは解体され、植民地と同様のスラムの荒廃がひろがっていく。

こうした惑星規模の植民地経営は、ＩＭＦの「イカれた禿野郎たち」（ボブ・マーリー）の「構造調整」をもとに導入されるが、日本におけるその端的な反映を読みとることができるのは九五年の「前川レポート」だろう。だが、すでに八〇年代の民営化によって、労組という対抗的なネーションの性格をもつ組織の解体がすすめられていた。そこにリクルート社を中心にネオリベラルな労働力市場が形成されるが、同社によって九三年に発刊されるのがブライダル専門誌『ゼクシィ』である。しかも、創刊当初はかならずしも結婚に焦点をしぼった雑誌ではなかったものの、くしくも「前川レポート」とおなじ九五年に現在のかたちとなる。

書店で『ゼクシィ』を手にとってみてほしい。二〇一三年九月号の首都圏版は一五〇〇頁をこえる。その物質的な重圧には、結婚を市場化する凶暴な意志があらわである。掲載されたおびただしい数の写真のほとんどは白人をうつしたもので、黒人の写真はリーガロイヤルホテル東京の「いつも笑顔で迎えてくれるドアマンのドゥアさん」を撮った一枚だけである。ネオリベラルな結婚は、その植民地主義的なスペクタクルによっても第三世界プロジェクトと明瞭に敵対している。

第二の文化主義について、プラシャドが範例的にとりあげるのはサウジアラビアである。くりかえすが、第三世界プロジェクトは政治的なネーションをよりどころにする。それは言語や宗教の同一性にもとづくのではない。複数の言語や宗教をかかえながら、対抗的なネーションを編成することで独立がかちとられていた。文化主義とは、そうした政治的なネーションの組成にたいする内側からの攻撃である。一九六二年、サウジアラビアのファイサル皇太子は、米国の後ろ盾のもとで、メッカでムスリム世界連盟（ＭＷＬ）を結成する。目的はアラブ諸国の世俗主義や社会主義的な傾向の破壊である。政治的なネーションは、文化的なネーションにとってかわられなければならない。聖典の言語、君主の支配、そして神話的な歴史観等々。この復古主義的なイスラム共同体では、政治的なネーションにもとづく福祉は撤回され、民間のイスラム主義組織が教育や福祉事業に参入する。ネオリベラルな民営化が「文化ナショナリズム」をつうじてすすめられたのであり、プラシャドはその一般的な機制をつぎのように説明する。

グローバリゼーションと文化ナショナリズムは対立しているわけでもなく、相容れないものでもない。それどころか同時に存在して、互いを利用し合う関係なのである。文化ナショナリズムとはまさしく、グローバリゼーションのトロイアの木馬である。それゆえ、ＩＭＦのグローバリゼーションの中枢は、国家も情も持たない多国籍企業に自国経済を開放する能力に位置づけられ、その一方で、国の安定が乱れる原因は宗教的、民族的、性的マイノリティに押し付けられる。これが第三世界の時代が過ぎ去ったあとの聖地《メッカ》のあり様なのである。

それゆえ文化主義的な言説には、謀略の影がつきまとう。「文明の衝突」で知られる国際政治学者ハンチントンは、ハーヴァード大学教授であると同時に、六〇年代からＣＩＡの正式な顧問でもあった。彼は三極会議などで、グローバリゼーションのイデオローグとしての役割もはたす。読売新聞や日本テレビについても、おそらく同様のことがいえるのだろう。新自由主義が外側からの攻撃であるとすれば、文化主義は内側にしかけられる「トロイアの木馬」である。リクルート社の活動が就職と結婚の領域にまたがっているのも偶然ではない。一般に差別があらわれるのは、このふたつの領域である。第三世界プロジェクトは、その根本において差別にたいする闘争だった。新自由主義と文化主義は、そうした闘争にたいして別のかたちの差別をもちこむ。「就活」や「婚活」でそこなわれているのは、ネーションに固有の世俗的な平等であり、そこから開始されるはずの、国家や経済に拘束されることのない「新しい世界」における生の展望である。だから、さきにふれた安吾の「戦争と一人の女」は、対抗的なネーションの究極のすがたであると同時に、われわれの窮状のアレゴリーでもあるだろう。新自由主義と文化主義との「戦争」によって、すでに「全てが滅茶々々」となっているのであれば、われわれはどこに「二人自体のつながりの姿」を見出すべきなのだろうか？　安吾はいう。「もっと戦争をしゃぶってやればよかったな」。そして「もっとへとへとになるまで戦争にからみついてやればよかったな。血へどを吐いて、くたばってもよかったんだ。もっと、しゃぶって、からみついて――すると、もう、戦争は、可愛い小さな肢体になっていた」と。

闘いのなかでともにあること

映画監督アキ・カウリスマキが『ル・アーヴルの靴みがき』でつげているのは、あたらしい政治的なネーションのひろがりであり、第三世界プロジェクトの再開である。

物語はアフリカから不法に入国した少年の逃走を軸にくりひろげられる。主人公のマルセル・マルクスは、フランスの港町ル・アーヴルの駅前の靴みがきである。反時代的ななりわいだろう。ひとびとはスニーカーを履いてとおりすぎる。彼は小奇麗な街路からは「テロリスト」として排除される。監督じしん、マルセルの苗字はカール・マルクスに由来すると述べているが、そのマルセル・マルクスが同監督の『ラヴィ・ド・ボエーム』(九二年)では、パリの貧しい「作家マルセル」として登場していたことを忘れてはならないだろう。しかも、彼の友人である外国人画家が飼う愛犬の名は「ボードレール」だった。このマルセルは家賃もはらわずにバルザックの小説の初版を買うが、ボードレールが「現代生活の英雄」でバルザックを讃えていたことを想起すべきだろうか? そもそもル・アーヴルの港はボードレールの詩と切りはなすことはできない。『ル・アーヴルの靴みがき』の物語は、マルクスがボードレールでもありうる世界であるかのようである。あるいはすくなくとも、「諸階級からのこぼれもの」としての「ボヘミアン」たちの世界であるだろう。この世界が敵対するのは「社会」そのものである。マルクスがいつも万引きするパン屋の女主人イドリッサは、親戚たちのとりとめのない噂話にたいして「若者たちが愛しあうことはすばらしいこと。なぜ社会が善悪をきめるのか?」とつぶやく。彼女の店の向かいにある小さな食料品店の店主ジャン=ピエールは、ツケをはらわないマルクスをふだんはけむたがっている。だが、マルクスが不法入国した少年をかくまっているのを知ると、食料を無償で提供する一方で、警察の聴取にたいしては「社会」を愛しているので不法入国者をかくまったりはしないと嘘をつく。

警察は「社会」のがわに属し、その秩序のなかには移民や「ボヘミアン」たちの居場所はない。それにたいして、マルクスたちのみごとな共謀によって、ル・アーヴルに流れついた少年は目的地のロンドンへと無事におくりだされる。同時に、不治の病で入院していたマルクスの妻アルレッティも回復する。ディケンズの『われらが友』を語るドゥルーズのテクストを読み返すべきなのだろうか？　そこでは、ひとびとは瀕死の悪漢の看病のためにあつまるが、悪漢が回復するとはなれていった。アルレッティが病床で朗読してもらうのは、「疲労」を知らない社会を語るカフカの短篇である。難民や病者の「疲労」をつうじて、あたらしいふるまいやあたらしい関係がたちあらわれる。それは情動にもとづく対抗性をそなえているかぎりで、われわれが「ネーション」とよんできたものである。

くりかえすが、第三世界プロジェクトも、それにともなう政治的なネーションも見失われている。われわれにのこされているのは、「和婚」の文化的なネーションの残骸――米国＝サウジアラビア連盟ならば推奨するだろう――であり、ネオリベラルな婚活のゴールをさししめす『ゼクシィ』に掲載された広告の途方もない重圧である。『フィガロの結婚』にまでさかのぼりうる結婚の平等主義的なラディカリズムははすっかり後退してしまった。婚活や就活をつうじて、われわれの情動は国家や経済のもとにつなぎとめられている。とりわけ三・一一以後、そうした傾向がつよまっているのは、われわれがある種の戦時下を生きているからだろう。除染はけっして完遂されないだろうし、福島第一原子力発電所からの放射性物質の流出もとまらない。放射能との戦争に勝利などありえない。にもかかわらず、第二次世界大戦中と同様に、国家や経済は勝利を偽装し、懐疑的な者たちを「放射脳」とそしりつづける。

　婚活や就活の隷属をしりぞけるならば、われわれは戦時下の安吾のように性愛の「淫蕩」へとおりていくしかないのだろうか？　ディケンズの悪漢のように、カウリスマキのアルレッティのように、「疲労」のなかに沈みこむほかないのだろうか？　ドゥルーズはディケンズの悪漢について語ると同時に、第一次世界大戦で負傷した作家ブスケの「傷」がつくりだす世界のひろがりについてふれているが、われわれとしては、さいごに、冒頭で引いたローベルの「おてがみ」を想いおこしておきたい。がまくんは手紙をもらったことがない。「まいにち　ぼくの　ゆうびんうけは　からっぽさ」。かえるくんはその悲しみを知り、さっそく手紙を書く。だが、配達をかたつむりにたのんだために、手紙の到着に何日もかかってしまう。ふたりはがまくんの家の玄関にすわって手紙をまちつづける。なぜなら、愛する者にあてた手紙を、愛する者とまちつづけることが「しあわせ」だからである。このトートロジックでもあるような錯綜した回路をつうじて、われわれは国家や経済に捕獲されない感情のネーションの編成をつくりだすことができるはずである。

スピノザは「いかなる物も、外部の原因によってでなくては滅ぼされることができない」という。存在それじたいには、みずからを破壊するロジックはふくまれていない。死はつねに外からやってくるのであり、その原理をわれわれの内部に見出すことはできない。そのかぎりにおいて、われわれは永遠である。だから、ともにあるということは、けっして外に開かれてあることではない。みずからの永遠へと閉じつつ、ともにある「しあわせ」＝ネーションを見出すこと。それが安吾の「淫蕩」だったのだろうし、カフカの「疲労」だったのだろう。カウリスマキが雄弁にしめしたように、社会＝ポリスとの抗争はさけられない。重要なのは結婚そのものではなく、そこに滞留しているネーションの抗争的な編成であり、われわれの第三世界プロジェクトをふたたびはじめることである。そのなかで憲法のラディカリズムもあらためて見出され、結婚の概念も変容していくだろう。放射能との戦争に終わりはくるのだろうか？　すくなくともいえるのは、婚活であれ就活であれ、あるいは国家であれ経済であれ、われわれの永遠を破壊する外部との闘いはつづくだろうし、ネーションとはそうした闘いの「傷」と「疲労」のなかでともにあることの僥倖の経験にほかならないことである。

1972年4月，プルーイット・アイゴー団地（アメリカ・ミズーリ州セントルイス）がとりこわされた．第二次大戦後の住宅計画の一環としてスラムを一掃し華々しく建設されたものだったが，竣工後数年のうちに再スラム化し，爆破解体にいたった

苦役のサブカルチャー

我々の前に提示されるのは、終わりのない苦役を甘んじてうけるシジフォスたち、そして、その陶酔しきった表情だ。――矢部史郎＋山の手緑

Chronique
de l'année
2011-2013

地震雲だろうか？　今日も空をみあげる。体がだるい。たぶん思いすごしだろう。「風評被害」が声高に語られる。生活がゆっくりとおいつめられていく。芸人やアイドルたちが笑っている。どうせ死刑に賛成なのだろう。ヘイトスピーチの亢進はとまらない。ネトウヨや原発推進派のアイコンはアニメばかりだ。さいきんは猫の画像もめだつ。権力の「犬」でないことのアピールなのか？　在特会もつぶれない。二〇〇九年の京都の事件でそうとうなダメージをうけたはずなのに、フクシマ以後、息をふきかえしてしまった。それは反原連やしばき隊といっしょに拡散しつづける……

被曝後の行動のイメージを描きださなければならない。われわれをとりまいているのは、被曝後のメディアや法制度や差別である。被曝後のネトウヨや反原発運動、被曝後の国家や経済、そして社会そのものである。右派の途方もない上昇は、ネオリベラルな「ショック・ドクトリン」（ナオミ・クライン）だけでは説明できない。災害に便乗した「復興」やオリンピックの開催は、より根本的な否認のあらわれである。そもそも生命のはじまりは、原子核の安定が前提である。だから核分裂にたいする恐怖は生命の起源にかかわる。被曝後の否認の蔓延は、そうしたベーシックな情動にたいする抑圧をともなっている。

原子力規制委員会によれば、たとえば東京の水道水には、セシウム134と137が一リットルあたり〇・〇〇四ベクレルふくまれているという（二〇一三年四～六月）。コップ一杯にセシウム原子が一〇〇万個ほどの勘定である。こうした不可視の汚染に恐怖をいだく者は「放射脳」とあなどられる。それはスピリチュアルな態度にすぎない、と。現実はあくまで可視的であり、不可視なものは精神的であるという図式がおしつけられる。この形而上学的な枠組みのなかでは、不可視の物質を思考しようとする「放射脳」たちのふるまいはしりぞけられる。そしてヘイトスピーチやアベノミクスのような、徹底して現実性を欠いた高揚がすすんでいく。不可視なものの物質性を思考しなければ、精神はかぎりなく空疎になりえるかのようである。

　のちの「不可視委員会」の母胎となったフランスの思想グループ「ティクーン」は、かつてわれわれを支配する「装置の形而上学」について語っていた。不可視の物質をイメージしようとする「放射脳」たちは、そこに投げこまれた一握りの砂粒である。それは諸装置の作動をはばむこともありえるだろう。「放射脳」たちの思考は、古代のアトミズムと同様、可視的なものと不可視的なものを断絶するような「形而上学」を知らない。アトミックな思考は、不可視の物質に微分的にせまっていく。それは近代の文明を駆動してきたいっぽうの極だったことを忘れてはならないだろう。もちろん、そうした微分の逆演算として積分もおこなわれてきた。だが、じつのところ積分によってもとめられるのはつねに近似値にすぎない。どんなものでも微分できる。その意味で微分は現実的なふるまいだが、積分はたんなるシミュレーションにすぎない。ここに統合や動員という積分をもくろむ諸装置のかかえるぬぐいがたい瞞着がある。古代アテネのポリスにせよ近代のリヴァイヤサンにせよ、諸装置はシミュレーションでしかないみずからを正当化する。可視や不可視、あるいは物質や精神のあいだの干渉は禁じられる。統制の標的は「放射脳」＝アトミストたちの微分的な思考のイメージの氾濫である。

「チダイズム」と解釈の自由

元放送作家のブロガー（現在は「選挙ウォッチャー」）ちだい著『食べる？　食品セシウム測定データ745』をとりまく状況も、そうした諸装置の形而上学的なとりしまりの作動を措いては考えられない。ちだいの主張はきわめて穏当である。放射能汚染については、その閾値にかんして議論がわかれる。また放射性物質の摂取による内部被曝についても同様である。それらはいずれ決着するかもしれないが、現時点でとりうる方策としては、セシウムをふくむかもしれない食品をできるだけ回避するほかない。このような観点から、ちだいはあらゆる食物の汚染をしらべあげる。慎重を期すために、データは厚労省の発表したものが中心である。美しく装丁され、魅力的なイラストもそえられた『食べる?』は、被曝後の生活に必須の実用書といえる。

じっさい『食べる?』は二〇一三年暮れの発売後数週間で品切れとなり、何度かおこなわれた出版記念イベントでも記録的な売り上げをみせた。一般に、その種の催しで当の書籍そのものはあまり購入されない。たいていは本を買ってからイベントにくるためである。だが、『食べる?』の読者は知人におくるためにさらに買いもとめる。こうした読者のひろがりにもかかわらず、いまのところ新聞や週刊誌で紹介されることはない。生活欄や料理欄では、毎日のようにさまざまな食材がとりあげられるが、汚染の現実について語られることもほとんどない。『食べる?』のように、公的なデータにもとづいた本が一定の支持をえているにもかかわらずである。

こうした否認のより微視的な内実は、『食べる?』についてのSNS上の反響からもうかがえる。うかびあがってくるのは、放射能に恐怖をいだくひとびとの苦境である。彼/彼女たちは、周囲の者に理解されずに孤立を余儀なくされることがすくなくない。ネットや書籍では、さまざまな議論やデータを知ることができるが、公的な媒体では閾値は確定されたものとされ、内部被曝の話題はしばしば回避される。こうした抑圧のなかで、不安や恐怖をいだく者は「放射脳」とあなどられつづけるわけだが、『食べる?・』が出版されてはじめて、周囲からのいくばくかの理解をえたり、みずからの不安や恐怖がかならずしも不当なものではなかったことを知ることになる。もっとも印象的なのは、出版記念イベントでの一場面だろう。参加したある女性は『食べる?・』を両手にかきいだいたまましずかに涙を流していたという。

他方、いわば十字軍気取りで『食べる?・』が「デマ」であると指弾するツイートもあとをたたない。それらのアカウントの多くはアニメのキャラクターや猫の画像をアイコンにつかっており、おそらく「ネトウヨ」とよばれる層とも重なりあうのだろう。なかでも「兄ぃ」と「まつもとあきら」は執拗だった。「兄ぃ」は長岡在住の三十代の男性であり、典型的なアニメ好き・ゲーマーのようである。脱原発派を自称するが、その立場はあいまいな言葉遣いのせいもあってかならずしもはっきりしない。休日には上京して秋葉原で買い物をし、さらには福島にまで足をのばして「食べて応援」する。いっぽう大阪在住の「まつもと」も三十代の男性であり、「維新の会」の明確な支持者である。ギターの演奏を生業としているらしいが、公開されている演奏の動画の再生数をみるかぎり、おそらく実家などからなんらかの金銭的な援助をあおぎながら暮らしているとしか思われない。にもかかわらず、「放射脳」バッシングのみならず、生活保護受給者にたいしてもワイドショーと同期しつつ手厳しい態度をしめす。

『食べる?・』の出発点となったのは、ちだいの運営するブログ「チダイズム」である。原発事故以前は「サブカル」の話題が中心だった。友人の「とおる氏」とともに秋葉原にでかけるようすなどが、軽快なユーモアをまじえた筆致でつづられていた。そうした軽妙さをのこしつつ、原発事故後、「チダイズム」はちだいじしんの測定による食品セシウム値の結果をほぼ毎日公開するブログとなる。だが、多くの市民測定所の機器は微量のセシウムをみきわめるには不向きだった。なんらかの反応があっても、核種を確定できないために「ND=検出限界値以下」の判定とならざるをえない。「チダイズム」の独創は、この「ND=検出限界値以下」と、測定機器がまったく反応しない「不検出」とのあいだに解釈の余地を見出したことである。そしてそのことをめぐって彼のブログやツイッターはたびたび「炎上」する。非難と擁護のコメントが一〇〇をこえることもしばしばあり、そのなかでもっとも執拗だったのが「兄ぃ」と「まつもと」である。

確率論の出現は一六六二年の『ポール・ロワイヤル論理学』における「外的証拠」と「内的証

拠」の分岐にさかのぼるという。その著者のひとりであるパスカルは、当時、信仰をめぐるセクト的な論争にかかわっていたが、そこで問題となっていたのが「権威」と「事実」の関係である。パスカルはよき信徒として教会の「権威」にしたがいつつも、一定の「事実」については「権威」にとらわれない解釈を行使する方途をさぐっていた。その結果、「権威」の参照による裁定とはべつに、対象じたいの吟味にもとづく「内的証拠」の論理がねりあげられる。そして当時の統計学的な関心の発生とからみあいつつ、そうした「内的証拠」の概念から、あらゆる蓋然性を考慮して枚挙するという確率論の基礎が見出される。特定の出来事が出来するかどうかは、なんらかの「権威」に依拠した「外的証拠」によることなく、対象じたいの十全な検討をつうじて推定しうるという地平がパスカルによって切りひらかれる。

「兄ぃ」や「まつもと」、あるいは原発推進派の「ネトウヨ」たちが理解しようとしないのは、こうした確率論的な地平である。『食べる?・』はデータをしめし、注意をうながすだけである。食べるかどうかは読み手にゆだねられている。いわば内在的な確率論にもとづく解釈の自由が問われている。パスカルにとっては、それは信仰にかかわる「賭け」の問題でもあったが、「兄ぃ」や「まつもと」たちが声高に難詰するのは、そうした「賭け」にもつうじるような、「権威」にもとづかない解釈の自由の行使であり、彼らにとっては政府や「専門家」や「維新の会」といった「権威」にもとづく決定がすべてである。もともと放送作家だったたちだいにたいする怨嗟もあったのだろう。ちだいは秋葉原やテレビという彼らの「信仰の現場」（ナンシー関）にかかわっていた。それゆえ彼らの執拗さは、むしろ裏切り者を追尾する者のそれにちかい。放送作家という諸装置のがわの人間であったはずなのに、そこからぬけだすとはゆるしがたい、ということなのだろう。被曝後も諸装置はつつがなく作動しつづけなければならない。いつまでも聞いていたいのは、サブカルの話であり、けっして放射能の話ではない。『食べる？』という確率論的な砂粒の混入はみすごすことはできないし、秋葉原やワイドショーのスペクタクルの「権威」が停止するなどあってはならないことなのだろう。

サブカルチャーという「風景」

村澤真保呂は社会学的かつ精神分析学的な観点から、フクシマ以後も東京は無傷であるという。東京は国際金融資本の網目にからめとられて「身体」を喪失し、もはや非物質的な「脳」にすぎない。だから、その「身体」が平米あたり数万ベクレルのセシウム汚染をこうむっていても、家賃がさがることはないし、ひとびとはなにごともなかったかのように汚染された土地のローンを支払いつづけている。こうした東京の様相は形而上学的な諸装置の作動を証してあまりあるが、その見失われた「身体」をとらえなおすためには、米国の社会学者マイク・デイヴィスの『スラムの惑星』の議論をあらためて想いおこす必要があるだろう。つまり都市が「身体」を見捨てたならば、その「身体」はスラムであるほかないはずである。しかも、われわれは二重の意味でスラムの住人である。汚染にまみれながらも、金融化した「脳」のもとで搾取されているのだから。

こうしたスラム化のはじまりは、一九七二年の米国のプルーイット・アイゴー団地の解体にさかのぼる。その出来事は近代都市計画の終焉というかたちで、都市が労働者の囲いこみを放棄したことをつげている。すでにドル・ショックをつうじて、金融市場による支配がはじまりつつあった。都市の富の蓄積はもっぱら金融資本のスペキュレーション（投機＝思弁）に準拠するようになり、もはやその「身体」＝労働者にたいする福祉はなおざりにされる。この村澤のいう都市の「脳」化のもとで、社会運動の次元では「資本主義の新たな精神」（ボルタンスキー）が出現する。物質的な労働運動が退潮するいっぽうで、非物質的な「芸術家運動」の要求がひろがりをみせる。いわゆる六八年がその転換点であったのだろうが、闘争の主戦場が文化の領域へと移行するにともない、都市とスラムのせめぎあいのなかからサブカル的なものが産み落とされる。その意味でサブカルチャーとは、都市とスラムを媒介するものである。やがて都市はそれをスラム統治の装置へとぬかりなくつくりかえていく。たとえば「ヨシモト」という資本の介入をつうじて、サブカルチャーの享受は都市の身体のスラム化にたいする否認となる。「兄ぃ」や「まつもと」たちが、そうした装置の末端にからめとられているのはいうまでもない。

だが、おなじ七〇年代には、近代都市計画のみならず、文明そのものの終焉が語られていたことを忘れてはならない。その端的な事例として、農学者の福岡正信が『わら一本の革命』(一九七五年)で語る「自然農法」をあげることができる。都市による文明化は、農業という強制労働をともなう。古代アテネのポリスの住人の八割以上は農業に従事する奴隷だった。福岡の「自然農法」は、そうした農業じたいをしりぞける。彼は耕すなという。除草もしなければ、肥料もやらない。種子をばらまき、わらを大地に「振る」だけである。彼の身ぶりは、反労働の意志につらぬかれている。それは同時代のアウトノミストたちとも共振していたのだろう。福岡の「自然農法」をつきつめたものが「シード・ボム」とよばれるのも偶然ではない。「シード・ボム」には数十種類の種子がねりこまれており、それがばらまかれた土壌にもっとも適合した種子が発芽する。それはマラルメの賽のように振られるのであり、微分的かつ確率論的なふるまいは、農作を統計学的な積分によって飼いならそうとする文明にたいして投げられた爆弾でもある。

　おそらくケインズが予測したように、われわれの「物質的欲求」は一九七〇年ごろにすでにみたされていたのだろう。当時の「未来学」はきわめて楽観的だった。もはや生産は十分であり、週に二〇時間もはたらけばよいといわれていた。そしてこうした労働の終焉という見通しは、部分的にではあれ体制のがわにも共有されていた。だが、ケインズも危惧したとおり、文明はみずからが生きのびるために、あたらしい強制労働をつくりだす。その中心は飽和状態の物質的な生産から、非物質的な象徴の操作へとシフトする。この機制のなかで都市は「脳」となり、労働そのものがスラムでの瑣末な所作に吸収されてしまう。福岡やアウトノミストたちの反労働はそのことにたいする拒否であり、当時の松田政男の風景論や東アジア反日武装戦線の爆弾闘争にもおなじことがいえるはずである。松田の風景論は、永山則夫が生きた「風景」をたどった映画『略称　連続射殺魔』の製作とともに書きつがれたが、松田や永山がいちはやく知覚していたのは、われわれがスラムの住人であること、敵対性の線分がもはや資本と労働や都市と農村のあいだではなく、都市とスラムのあいだに引かれるべきだということである。そしてその敵対の前線に「風景」がたちあらわれる。だから「風景」は切り裂かれなければならないし、スラム＝植民地の名において、都市＝文明にたいする闘争がくりひろげられていった。

松田や永山を読み返し、東アジア反日武装戦線を再考することは、われわれがスラムの住人にふさわしい都市との敵対性をとりもどすことである。だが、今日にみられるようなサブカルチャーへの埋没は、そうした敵対の所在を見失わせる。その意味で、大塚英志の連合赤軍論は徴候的である。そこでは連合赤軍事件を七〇年代に創刊された女性雑誌の諸相とつきあわせつつ、現在の「民主主義」が肯定的に語られる。この物語論的なアプローチによって東アジア反日武装戦線の爆弾闘争は忘却される。そして文明そのものの否定という、福岡の「自然農法」からアウトノミアにまで共有されていた前提が見失われる。だから八〇年代以後、女性誌はサブカルチャーとともに隆盛し、浅間山荘事件鎮圧の指揮をとった警官はワイドショーでコメントをたれながすのだろう。大塚の設定する系譜は、身体をうしなった都市のがわについた勝者のそれであり、彼の物語論は、都市にはりめぐらされた諸装置の作動マニュアルにすぎない。

じっさい小説家の笙野頼子《しょうのよりこ》は、そうした大塚のネオリベラルな言動を指弾しつづけている。大塚にとって文学は商業的な成功と同義である。笙野の批判にたいする彼の応答でもある「文学フリマ」のこころみをみてもわかるように、たとえ文学であれ市場の交換をまぬがれない。この交換のロジックの遍在——それは「脳」化した都市のロジックの専横でもあるだろう——は、七〇年代の反文明・反労働の諸相を等閑視しつつ、連合赤軍事件を犠牲の物語のなかに流しこむ。犠牲とはなによりも見返りをもとめるものであり、出来事を交換のロジックへと転轍する物語論的な装置にほかならない。愚行は犠牲の血によって清められ、われわれはサブカルチャーという「風景」の飽和のなかに封じこめられる。それは市場化されたスラムの「風景」であり、失われた都市の身体の残骸でもあるだろう。「ネトウヨ」たちはそこに都市のかけらを夢見つづけているのだろうが、都市とスラムの敵対には目をつぶっている。彼らにとって、長岡や大阪、ましてや東京が汚染されたスラムであってはならないのである。

ゾミアは消えない

ジェームズ・C・スコットは人類学的な観点から、つぎのような「アナーキズム史観」を提示している。「（1）国家がなかった時代（これが圧倒的に長い）、（2）小規模国家が国家なき周辺地域に取り囲まれていた時代、（3）周辺地域が縮小し、拡張する国家権力に取り巻かれる時代、そして最後に、（4）事実上、地球のすべてが「統治された空間」になり、周辺地域とは民間伝承の対象となるような残余にすぎない時代」。

スコットが考察の軸にすえたのは、ビルマ・タイ・ラオス・ベトナム・中国にわたる東南アジアの山岳地帯「ゾミア」である。そこは一九世紀まで六〇〇〇万のひとびとがくらす「国家なき周辺地域」だった。国家は徴税なしにはありえないが、徴税は穀物の生産をしいることではじめて可能になる。穀物以外の作物は税としての蓄積や移動に適さない。それゆえ古典的な「小規模国家」の成立には、穀物生産のための平地と奴隷の確保が条件となる。ゾミアがこうした国家の捕獲をまぬがれていたのは、高地を移動しながら焼畑をいとなんでいたからである。同時に、それじたい複雑な戦術がねりあげられる。国家とは対極の平等主義的な小集団の遊動のなかで、地名や氏名を重層化するだけでなく、複数の母語をあやつり、ときに「預言者」とともに叛乱をひきおこす。ゾミアの住人にとってよく生きるとは、よく隠れ、よく逆らうことにほかならない。

だが、こうしたゾミアも、近代国民国家の成立とともに、その「統治された空間」に包摂されて文化的な「民間伝承」にすぎないものとなる。

スコットじしんもふれているように、ゾミアと同様の消息は東南アジアの山岳地帯にかぎらない。文明にたいする未開の抵抗は、なんであれゾミアの抵抗といいかえることができるし、ゾミアとの敵対性という意味では、文明や都市は、国家とともにポリスの秩序に属すものといってよい。国民国家の時代には、そのポリスの秩序によって、すべてが「統治された空間」となった。だが、われわれにとっては、ゾミアはけっして消滅してはいない。くりかえすが、七〇年代以後、われわれはスラムの住人である。都市の非物質化とともに、国民国家による包摂は放棄され、ゾミアの生はスラムの名のもとに回帰している。それは文明の終焉としてすでに主題化されていたが、原発の爆発はその決定的なしるしにほかならない。

サブカルチャーへの嗜癖は、こうした事態のすべてをおおいかくす。それは身体を欠いた都市の「意味するものの専横的過剰」（津村喬）による擬似的な包摂であるともいえるだろう。このサブカル的な表象の体制による統治は、被曝したスラム＝ゾミアの住人にとって過酷である。土地や食品の放射能汚染の現実は否認され、やらなくてもいい労働とたのしくもない余暇がえんえんとしいられる。この「風景」のなかでは、労働であれ余暇であれ、矢部史郎と山の手緑のいうようにシジフォスの「苦役」でしかない。穀物生産や原発は、いずれもポリスの秩序の装置である。それらはおなじ積分的な原理にもとづいているが、スマホが水田や原発に似ているのも偶然とは思われない。その小作人や支持者たちに覚醒はおとすれるのだろうか？

ニーチェは『悲劇の誕生』——それはランボーの詩やブランキの『天体による永遠』と同様にパリ・コミューン文書でもあるだろう——で、ポリスの秩序にたいするディオニュソス的なものの横溢を「悲劇」とよぶ。それはサブカルチャーに埋没する「苦役」やそれにともなう犠牲＝交換のロジックとは無縁の状態であり、むしろわれわれにとっては『はだしのゲン』で描かれているようなスラム＝ゾミアの生を思わせる。そこには、暴力、よみがえり、愚かさ、そしてなにより歌がある。ギリシア悲劇は、山羊に似たすがたの半神サチュロスの合唱団によってうたわれたという。ゲンたちもまた、おなじ悲劇の合唱団なのだろう。そしてわれわれが被曝後になんらかの行動のイメージを想い描けるとすれば、その手がかりは、ゲンたちのうたう悲劇、スラム＝ゾミアの住人たちがつむぐ不可視の唯物論のなかに聴きとれるはずである。

反社会的なもの

サイショから無意味な
毎日なんてない
集まったせいだ　――トモフスキー「ひとりに戻るんだ」

野生人のコナトゥス

ルソーへの回帰ははじまりのあらわれである。革命期とよぶべき今日の事態（金融危機、アラブ革命、ギリシア暴動、フクシマ……）のなかで、ルソーという近代性の始原に立ちもどることはさけられない。われわれとしては、回帰が二重であることに注意しよう。ルソーじしん、その『人間不平等起源論』で「野生人」の形象へとさかのぼったのだから。そして旧体制が課すあらゆる負債のくびきをとりはらう。この遡行と切断がすべてのはじまりであったのならば、いま一度、ルソーがその「野生人」をつうじて発見し、われわれもまた発見しつつあるものを問わなければならない。

そのために、ふたつの思想史的な補助線をふまえておこう。まず第一に、『人間不平等起源論』で「野生人」が創出された一七五四年という日付である。ルソーはその数年前に、樫の木の下でえた着想にもとづいて「文明」の災厄を語る『学問芸術論』をアカデミー懸賞論文として投稿しており、その延長線上で『人間不平等起源論』を著す。注目すべきは、こうしてルソーが「野生人」の形象とともに思想家へと変貌したのは、バウムガルテンの『美学』（一七五〇年）が書かれた時期だということである。

ニュートンにいたる一七世紀の科学革命は世界を代数化する。そこでは運動は力学的な慣性であり、色彩はたんなる光の偏差でしかない。にもかかわらず、樫の木の下のルソーもおそらく感じとったように、緑の葉叢をゆらす風は頬をなでる。われわれの生きる現実を物理学的な記述に切りつめることはできない。一七世紀後半の崇高概念や絵画における色彩をめぐる論争をへて啓蒙期に立ちあらわれたのは、数理化したフィジックにも思弁的なメタフィジックにも包摂されない感性的＝美学的な地平である。

啓蒙思想はたんに合理的なのではない。ディドロの絵画論が端的にしめすように、それはむしろ美学的なものである。初期のカントが崇高論をあらわし、そして三批判の掉尾をかざる『判断力批判』が感性論だったことを想いおこそう。しかも、それはフランス革命の翌年に刊行される。美学的な地平の出現の政治的な含意はあきらかだろう。君主も平民もその喜びや悲しみにおいてはかわらない。感性において既存の位階秩序は失効し、体制そのものがフィクションとしてとらえかえされる。

そして第二に、こうした美学的かつ政治的な地平にゆきわたるスピノザ主義の地下水脈である。

じっさい、フランスの啓蒙思想を先導したロックが『人間知性論』を執筆したのはオランダでの亡命中のことだった。彼はそこで没後まもないスピノザの著作を通覧し、スピノザの流れをくむ自由思想家たちと交流する。あるいは、そもそもルソーの追放や写譜による独立不羈の生計も、よく知られたスピノザの破門やレンズ磨きの生業によるつましさの反復であるともいえるだろう。

これらのコンテクストのもとに『人間不平等起源論』をたどりなおすならば、その「野生人」の「孤独な生活様式」がきわめて感性的＝美学的であることはまずは容易にみてとることができる。そこで思い描かれるのは、原始的な共同性ではない。ルソーの「野生人」はおのおの森に散らばって生きている。恋人も家族も必要としない。生殖の行為もすれちがいざまになされる。「野生人」の自足的な生においては、他者とのかかわりは断ち切られている。ルソーにとって遡行すべき起源とは、絶対的な孤立において見出される感覚の直接性である。

スイスの哲学者ジャン・スタロバンスキーもいうように、こうした「野生人」の形象とその後の社会契約論とのあいだに「根源的な矛盾」をみるべきなのだろうか？　そしてエンゲルスやカッシーラーのように、「革命」や「教育」がこの「矛盾」を媒介ないし止揚すると考えるべきなのだろうか？　たしかなのは、この「自己保存への配慮」に充足する「野生人」のあり方には、スピノザが『エチカ』で語る「コナトゥス（自存力）」の概念がすけてみえることである。『エチカ』によれば「いかなる物も、外部の原因によってでなくては滅ぼされることができない」（第三部定理四）のであり、「おのおのの物が自己の有に固執しようと努める努力（コナトゥス）はその物の現実的本質にほかならない」（同、定理七）。つまり否定的なものはみずからの内部に包含されてはいないのであり、みずからを持続させようとする内在的な力＝「コナトゥス」は「現実的本質」として肯定される。そして、この内在性の無条件の肯定から、道徳的な価値の転倒がみちびきだされる。善悪の判断は外部の尺度にもとづくのではない。みずからのコナトゥスそのものが尺度であるかぎりにおいて、「我々はあるものを善と判断するがゆえにそのものへ努力し・意志し・衝動を感じ・欲望するのではなくて、反対に、あるものへ努力し・意志し・衝動を感じ・欲望するがゆえにそのものを善と判断する」（同、定理九備考）。

ルソーの「野生人」についても、同様のことがいえるだろう。その孤立において「自己の有に固執しようと努める努力」をおびやかすのは「外部の原因」だけである。それゆえ、ルソーはスピノザの記述を敷衍するかのようにつぎのようにいう。

この状態にある人々はおたがいにいかなる種類の倫理的な関係や既知の義務も持っていないので、善良でも悪辣でもありえず、悪徳も美徳も持っていなかったと思われる。しかし、こうした単語を肉体的な意味にとって、個体のなかにある固有の自己保存を損ねかねない性質を悪徳と呼び、それに役立つような性質を美徳と呼ぶならば別である。その場合には、自然のたんなる衝動にもっともさからわない人を、もっとも有徳の人と呼ばなければならないことになるであろうが、普通の意味からはずれずに、このような状況についてわれわれが下せる判断をやめて、われわれの偏見に頼らないほうが妥当である。

善と悪の判別は「個体のなかにある固有の自己保存」に先立つのではない。「野生人」の感性的な生の力能ないし傾向が肯定され、それとの構成的な関係から良きものと悪しきものが決定される。ライプニッツはスピノザが「まぎれもない無政府状態」をもたらすと警告したといわれるが、おなじことはルソーの「野生人」にはいっそう妥当するはずである。スピノザは神を自然と重ねあわせ、あらゆる外的な動因をとりはらう。運動は外の力の伝達によるのではない。そうした伝達の組織の体系以前に、われわれにはコナトゥスという固有の力がはたらいている。この未開の力能において世界そのものを構成することがスピノザの哲学的なプログラムの核心だったとすれば、ルソーの「野生人」はその明瞭な形象化のひとつであるだろう。

それゆえ、ルソーは『人間不平等起源論』でたんに自然への回帰を説いたのでもなければ、そこで説かれる「野生人」は動物とおなじように本能につなぎとめられているのでもない。回帰すべき自然は内在的なコナトゥスであり、「野生人」はその美学的な水準においてみずからの「自由」を行使する。すなわち「自然はあらゆる動物に命令を下し、動物は従う。人間はおなじ印象を受けるが、同意するかさからうかは自由である」。「野生人」は「動物」のように物理的な法則の「命令」に従属して生きているのではない。フィジックでもメタフィジックでもない美学的な地平に定位し、そこではあらゆるものが「印象」となってあらわれる。そしてその「印象」の解釈の「自由」において、「野生人」はスピノザのコナトゥスと同様に「努力し・意志し・衝動を感じ・欲望する」のである。

民衆騒乱と社会（学）の起源

みずからの感性的＝美学的な次元において、あらゆる外部の拘束をしりぞけること。これがコナトゥスを生きる「野生人」の賭け金である。科学革命以後、あらゆる体制は物理学的な世界像によりかかりながら支配の客観性をいいたてる。絶対王権にせよ、農村や職人ギルドの共同性にせよ、ひとびとはそれらの「命令」にしたがう機械仕掛けの「動物」とみなされてしまう。だが、フィジックもメタフィジックも知らない美学的な「野生人」には、そうした外部からの「命令」はたんなる「印象」にすぎない。「野生人」にみなぎっているのは「自己の有に固執しようと努める努力」であり、そこからあらゆる「印象」の善悪が構成されていく。

それゆえ、こうしたコナトゥスの無条件の肯定は、ごく端的に反社会的であるといっていいだろう。良い社会と悪い社会があるのではない。コナトゥスをそこなう「外的な原因」であるかぎりにおいて、社会そのものがしりぞけられなければならない。だからルソーは「社会と法律」についてつぎのようにいうことができた。

社会と法律は弱い者には新たな拘束を、富める者には新たな力を与え、自然の自由を取り返しのつかないまでに破壊し、私有と不平等の法律を永久に固定し、巧妙な横奪を取り消すことのできない一つの権利として、若干の野心家の利益のために、以後、全人類を労働と隷属と悲惨とに屈従させたのであった。

のちの革命や蜂起の現実にとって、こうしたルソーの反社会的な言説がどの程度の役割をはたしたのかは問わない。留意すべきは、コナトゥスを生きる「野生人」というフィクションによって、もろもろの共同性の雑然とした蝟集であったものが「社会」としてとらえかえされていることである。その意味では、ルソーのいう「社会」とは、「野生人」と同様のフィクションにすぎない。おなじ時期に「文学」という概念が発明されているが、それ以前にも詩や評論や演劇は存在していた。それらの諸ジャンルがおそらくスピノザ主義と美学的な地平の接合という同様の機制をつうじて「文学」と総称されたように、ルソーのテクストにおいても、王政の強権や諸共同体の拘束が「社会」という一括りにされたかたちで見出される。『人間不平等起源論』が革命的であるのは、「野生人」と「社会」の敵対をはっきりと名指したからである。

もちろん、ルソーのテクストに厳密に即すならば、その「社会」の用法は微妙なゆらぎをはらんでいる。それはときに「道徳」や「文明」と重なりあいつつ、伝統的な「社交」という意味でももちいられる。われわれにとって重要なのは、「社会」という観点の萌芽がそこに読みとれることであり、さらにルソーがひとつの端緒であるような、その後の反社会的な叛乱にたいする防衛的な機制をつうじて、われわれが今日なおそれを生きているような「社会」の自明性が仮構されていったことである。たとえば左古輝人は、「社会」および「社会学」の起源についてつぎのように述べる。

一九世紀前半オーギュスト・コントが〈社会〉と呼んだのは、一八世紀の道徳的政治的科学（science morale et politique）が教えるような〈望ましい規範〉から区別された、人々の暮らしに〈現実にあるはずの秩序と歴史の趨勢〉だった。コントの判断によれば、産業化と政情不安のもたらした大混乱のなかで、旧来の〈望ましい規範〉の権威は完全に失墜した。この大混乱を耐えるために、あるいはそれを克服するために必要なのは、権威者の発する道徳的、政治的金言を復興することではなく、人々の暮らしのなかにすでに存在するはずの秩序と趨勢を発見することだ。

歴史家の喜安朗《きやすあきら》や思想史家の良知力《らちちから》、あるいは近年ではフランスの哲学者ジャック・ランシエールもくりかえし強調するように、一九世紀前半の騒乱は反社会的なものだった。とりわけ一八四八年の二月革命ないし六月蜂起は、そのもっとも明示的なあらわれだろうが、左古の文献学的な概念史の作業が示唆するのは、そうした反社会的な「大混乱」の「克服」のためにコントが「社会学」を創設し、その「社会学」が「社会」という概念に客観的な様相を付与していった経緯である。

おなじことは、菊谷和宏の思想史的な検証からもうかがえる。そこでは社会学の始祖コントではなく、トクヴィルという二月革命の特権的な証言者の言説をつうじて、「社会」の出現の契機があぶりだされる。王党派の貴族だったトクヴィルにとって、フランス革命以前の体制は「社会」ではなかった。それは神や君主のまなざしのもとの漠然とした「ひろがり」であり、「société」とはそのなかでの社交という意味にすぎず、習俗や道徳の局所的な規範がそれにともなっているだけであった。すでに述べたように、ルソーの「野生人」はそれらの雑多な蝟集から積極的に撤退することで、ひとまとめにとりはらうべきものとしての「社会」を仮構したわけだが、二月革命を予感するトクヴィルのテクストは、そうした「社会」ないし「社会的なもの」が実定化される機制の証言として引用するに値するだろう。一八四八年一月二七日、国会議員だったトクヴィルはみずからが属す下院で、つぎのように反社会的なものの上昇に注意をうながす。

おそらく混乱は事実の中にあるのではありません。それは人々の精神の奥底からやってきたのです。労働者階級の胸中で起こっていることをご覧なさい。今のところは平穏だと私もわかっています。確かに彼らは、かつてそうであったほどには、固有の意味での政治的情熱に苛まれていません。しかし、彼らの情熱が、政治的なものから社会的なものに変わったのがわかりませんか？　彼らの胸の内で、次第に、意見や観念が拡大してゆき、単にあれやこれやの法・省庁・政府自体にとどまらず、社会をひっくり返すところにまで行き着こうとしているのが、そして今日社会が打ちたてられているその基盤が揺さぶられるところにまで行き着こうとしているのがわかりませんか？

ここで見出されている「社会的なもの」は客観的な存在ではない。それは「事実」や「あれやこれやの法・省庁・政府自体」ではなく、「人々の精神の奥底」や「労働者階級の胸中」、あるいは「意見や観念」から生じる。発現していたのは、おそらくスピノザやルソーとおなじ「情熱」であり、外部からの拘束を「社会」の名のもとに一括して拒否する意思である。こうしたトクヴィルの証言は、彼のような統治する立場の者によって、まずなによりそうした拒否の「情熱」が感知され、それにたいする防衛的なふるまいにおいて「社会」という統治されるべき対象が想定されたことを物語っている。菊谷も指摘するように、のちのデュルケムによる社会学の制度化がパリ・コミューンの「混乱」のあとであることも偶然ではない。コントによる社会学の創設がそうであったように、デュルケムという、われわれの知るもうひとつの社会学的な思考の起源もまた、反社会的なものにたいする防衛的な機制によって規定されているのである。

時間は流れない

フランスの哲学者ジャン＝クレ・マルタンは、スピノザとフェルメールの協働関係を論じる近著のなかで、コナトゥスにやどる「永遠性」についてつぎのようにいう。

われわれのなかには、死やあらゆる傾き、われわれが抵抗できないままわれわれを実際に打ち滅ぼすことができる邪悪な傾向を肯定的に説明しうるものは何ひとつない。死は折を見てやってくるのであり、決して原則としての永遠性に導かれてどこまでもあり続けようとするわれわれの存在の奥底からやってくるのではない。だから、スピノザはこう言うのである。「おのおののものが自己の存在のなかに居続けようとする努力は、有限の時間ではなく、無限の時間を包摂している」(『エチカ』第三部定理八)。

おのおのの個体が永遠なのではない。その個体の持続にはたらいている「努力」＝コナトゥスが「無限の時間」をふくみもっている。このことは、マルタンが論じるフェルメールの絵画を思いうかべると容易にわかるだろう。それらを見る者にとって、川面に反射する町並みや壺から滴るミルクのイメージは、時間の流れを無化していると感じられるはずである。哲学者の大森荘蔵が「時は流れず」と断言したことを想いおこそう。時間とは順序関係にすぎない。われわれが生きているのは、そうした順序じたいが生じるパンタレイ(万物流転)の反復である。われわれはそうしたパンタレイの永遠性をフェルメールに感得するのであり、スピノザにもとづく美学的な形象であるルソーの「野生人」も、おなじ「無限の時間」を生きていたはずである。反社会的であることは、パンタレイの反復においてコナトゥスの永遠性を肯定することにほかならない。

人間を借金漬けにして支配する今日の体制にたいして、イタリアの社会学者マウリツィオ・ラッツァラートは一銭たりとも借金を返すなとよびかける。あるいは米国のアナキスト人類学者デヴィッド・グレーバーは、国際的な債務と消費者のローンの帳消しを提起する。前者にとっては、借金の返済の拒否はかつてのストライキにかわる解放の契機であり、後者は人類学的な考察をつうじて、債務の不履行が今日のあらゆる悲惨からぬけだす必然的な方途であるという。いずれも厳密にねりあげられた卓見だとしても、反社会的であることにかかわりはないだろう。だが、くりかえすが、社会なるものがあって、その残余として反社会的なものが析出されるのではない。反社会的なものは、社会なるものに先立つ。それはコナトゥスの永遠性にねざしつつ、あらゆる外的な拘束を「社会」の名のもとにしりぞける。社会的ないし社会学的であることは、こうした反社会的なものにたいする防衛的な反動にすぎない。

ジャーナリストの田原牧によれば、シリアではひとびとが「デモに憑かれている」という。おなじことは、世界の各地で頻発する騒乱についてもいえるだろう。展望もなければ、具体的なオルタナティヴがあるのでもない。にもかかわらず、ひとびとは街路にくりだす。このあたらしい「野生人」たちは、国家にせよ社会にせよ、われわれが「自己の存在のなかに居続けようとする」ことをそこなう「外的な原因」をとりはらおうとしている。賭けられているのはコナトゥスの永遠であり、パンタレイの反復である。そこでは社会（学）が前提するような物理学的な時間は積極的に忘失されているはずである。その真に美学的な地平では、社会がしいる負債の道徳はとりはらわれるだろう。だからラッツアラートやグレーバーとともに、われわれは社会そのものであるような負債のきずなを断ち切らなければならない。みずからの反社会的なものを肯定しなければならない。だが同時に、ハーグの賢者の指輪に刻まれていた銘も想いおこしておこう。

「CAUTE（用心せよ）」。

III

シマダ　ダンス
レッスン

内乱のヒューマンストライキ

内乱こそ最大の災いである。　——パスカル

ヒューマンストライキは労働と生の境界がぼやけるにいたる時代に応答するものである。／そのような時代においては／消費することも生き残りをかけることも／スポーツをすることも、セックスをすることも、親になることも、プロザックに依存することも／すべてが労働である。　——ティクーン

Chronique
de l'année
2010-2011

ブックブロックの戦争

アシモフ『はだかの太陽』、メルヴィル『白鯨』、ドゥルーズ＝ガタリ『千のプラトー』、不可視委員会『来たるべき蜂起』、プラトン『国家』、アドルノ『否定的弁証法』、ペトロニウス『サチュリコン』、デリダ『マルクスの亡霊たち』、イリイチ『脱学校の社会』、ハクスリー『すばらしい新世界』、ベケット『勝負の終わり』、マキャヴェッリ『君主論』、ジョイス『ユリシーズ』、マルクーゼ『一次元的人間』、ラスキン『この最後の者にも』、ドストエフスキー『白痴』、ヘラー『キャッチ＝22』、マルコス副司令官『われわれの世界はわれわれの武器である』、ブリセット『Q』、グリフィス『ＰｉｐＰｉｐ』……

これらの書物が冬のロンドンの街路で警察とむかいあう。比喩ではない。もともとイギリスの大学の授業料は無償だった。だが、今世紀のはじめに年四〇万円ほどが徴収されるようになり、二〇一〇年には、上限を約一二〇万円とする授業料の「自由化」の方針が打ちだされる。これにたいして、同年の一一月から学生や教員は大規模なデモをくりかえし、政権与党の保守党本部のガラスが割られ、皇太子の車は群集にとりかこまれた。この叛乱のなかで「ブックブロック」と

2010年11月，ロンドンの街路にあらわれた「ブックブロック」

でもよぶべき集団があらわれる。

彼/彼女たちが手にしているのは、冒頭であげた書物に擬した色とりどりの方形の盾である。そこに警棒をふりおろす警官たち——現代の暴力の標的を端的にしめすスペクタクルである。あるいは、アイルランドの諷刺作家スウィフトの『書物戦争』(一六九七年執筆)で語られたトポスの回帰をみてとることもできるかもしれない。一七世紀末、古代ギリシアやローマの作品を規範としてあおぎつづけることの是非をめぐる論争がおきた。このいわゆる「新旧論争」において、のちに英国のアイルランド支配を告発することになるスウィフトは、古典古代の「書物」の人文主義的な読解を擁護する古代派の立場をとるが、先行するフランスの新旧論争と同様、賭けられていたのは、同時代の要請という拘束をふりはらってテクストに沈潜するいとなみである。その反時代的でもあるような「孤独な戦い」（ヴァージニア・ウルフ）からつむがれる思念や情動である。

じっさい英国の状況に触発された米国の思想家マイケル・ハートは、一二月二日付のリベラシオン紙で世界同時多発的な大学動乱の本質についてつぎのようにいう。

ここ数十年のあいだで、経済の主要セクターは工業生産からわれわれが生政治的生産とよぶものへ移行したのである。それは人間による人間の生産であり、そこにはアイディア、イメージ、コード、情動といった非物質的財の創造がともなう。／その結果として、エンジニアや科学者を養成するための教育は、これまでのように経済競争力を高めるための最優先事項ではなくなる。生政治経済において、大衆知性、とりわけ言語的・概念的・社会的な力能としての大衆知性こそ経済的革新をもたらすのである。世界の大学がおしすすめる政策はこうした変化に歩調を合わせることができていない。公的予算の縮減をおぎなうために大学側が民間に求める資金は（有無をいわさないやり方で）科学やテクノロジーの分野に割り当てられてしまうばかりだ。人文諸科学はといえば、生政治的な文脈のなかでますます価値を帯びてきているにもかかわらず、予算に困窮し、瀕死の状態となっている。このような場合、学生たちの要求はその必要性に狙いをさだめ、現実的な経済的発展の方向に向かうのである。

大学一般が経済と敵対しているのではない。経済的なものの専横によって標的となっているのは、「人文諸科学」、とりわけブックブロックのかかげるような「書物」である。新旧論争の「書物戦争」が反復されている。そもそも同時代の優越を主張する近代派は、なにより「科学やテクノロジー」の支配に立脚していた。他方、人文主義にもとづく古代派は、テクストの解釈をつうじて「アイディア、イメージ、コード、情動といった非物質的財の創造」をめざす。盾となった「書物」には、『千のプラトー』や『来たるべき蜂起』はもとより、『Q』や『Ｐｉｐ Ｐｉｐ』があげられているのも偶然ではない。『Q』は人文主義者ルターがまねきよせた叛乱をめぐる小説であり、『Ｐｉｐ Ｐｉｐ』が俎上にのせるのは近代派の進歩の概念が前提する直線的な時間そのものである。そのような時間性が溶解する「孤独な戦い」のなかで、ルターは聖書を読み解いたのだろうし、今日の「学生たちの要求」にやどるのは、おなじ人文主義の系譜におけるあたらしい世界のための展望にほかならないはずである。

「認知資本主義」と「非物質的なもの」

　だが、ハートのいう「ここ数十年のあいだ」に生じた「生政治的生産」への「移行」とはなにを意味するのか？　おそらくそれは、規律訓練社会／コントロール社会、フォーディズム／ポストフォーディズム、あるいは福祉国家／ネオリベラリズムなどの前者から後者への「移行」として語られてきたものだろう。前者が学校と工場による成型にもとづくのにたいして、後者では企業によるマネジメントが主要な統治のモードとなる。もはや特定の閉域に封じこめられるのではない。われわれは銀行への負債を直接間接にかかえながら――個人として借金がなくても、勤め先や取引先は借金があるだろう――、終わることのない多動性をしいられる。しかも、この「移行」における捕獲の対象は、知識や行動、あるいは情動による「非物質的財の創造」におよぶ。問われているのは、「認知資本主義」ともよばれる経済的なものの全体主義的な浸透である。そうした支配について考えつづけてきたフランスの思想家アンドレ・ゴルツの『非物質的なもの』

をあらためて参照しておきたい。

「認知資本主義」とは、資本の存続する様態だが、その妥当性はうしなわれている。富の生産はもはや「価値」の観点から計算も数量化もできない。生産力の中心となるのも、なんらかの希少な資源や占有可能な生産手段ではなく、潤沢で枯渇することのない人間の知であり、その使用と分有によって供給の範囲はひろがっていく。／潜在的にはのりこえられているにもかかわらず、資本主義は人間の知性という潤沢な資源をもちいて、知性の希少性をふくむ希少性をつくりだすことで存続している。この潜在的な資源の潤沢性において、希少性は知や知識の伝播や共有をさまたげることによって生産される。とりわけコミュニケーションやアクセスの手段のコントロールや私有化によって、あるいはかぎられた能力だけを「認知資本」とみなすことによって。／混乱と矛盾のなかで極度に変動する脆弱な「認知資本主義」は、文化をめぐる係争や社会との敵対にさいなまれている。まさに不安定で一貫性を欠き、不均衡で複雑な（階級の）構造や社会基盤の狭小さゆえに、「認知資本主義」は急速に逆の方向に展開する可能性をもっている。それは危機の状態にある資本主義ではなく、資本主義の危機そのものであり、社会をその根底においてゆるがしているのである。

ゴルツの「認知資本主義」論はふたつの要素から構成されている。第一に、賃労働制の失効からベーシックインカム（彼は「存在給与」とよぶ）にいたる展望である。これは「価値」をめぐる考察をふまえたものだが、そこから第二の要素である「非物質的なもの」という概念への準拠がみちびきだされる。すでに一九八八年の『労働のメタモルフォーズ』にも結実しているように、ゴルツの関心は賃労働制の解体にそそがれつづけてきた。その根底には尺度としての時間にたいする分析がある。使用価値にせよ交換価値にせよ、客観的な時間の尺度を前提している。だが、そのような価値の体制じたい、産業資本主義の生産関係がもたらす効果にすぎない。より正確にいえば、工場ではそうした価値がつらぬかれる一方で、その外部にくくりだされた主観的な時間の流れのなかでは、いわば象徴的な価値がつくりだされる。後者の価値の実践は「余暇」や「芸術」とよばれるものでもあるのだろうが、この労働とプライヴェートとの乖離こそ、産業資本主義のもとで生じる疎外状態であり、それを資本のがわからの包摂によって解消しようとするのが「認知資本主義」にほかならない。

事態は「非物質的財の創造」を称揚するハートにとってもおなじだろう。じっさい、イタリアの思想家ネグリとの共著『〈帝国〉』の末尾で思い描かれていたのもベーシックインカムの導入だった。とはいえ、そこではベーシックインカムは「社会賃金」とよばれる。ゴルツの「存在給与」とのニュアンスの違いを見逃してはならないだろう。ハートとゴルツのテクストを注意深く読み返してみよう。ブックブロックが端的に表現するような「人文諸科学」や「人間の知性」が賭けられている点にちがいはない。だが、ハートにとっては、そうした「大衆知性」が「現実的な経済的発展」をになうことが肝要であるのにたいして、ゴルツにとっては「人間の知性」の「潜在的な資源の潤沢性」は枯渇することがないのであり、その存在そのものが資本主義の「危機」をつくりだすという。ハートの「非物質的財の創造」が資本の運動の内側ではたらくのにたいして、ゴルツの「非物質的なもの」は「認知資本主義」による捕獲の限界そのものをしめしている。

ここでネグリにかんする思想家ビフォの証言を参照することも無駄ではないはずである。まず確認すべきは、ネグリとビフォが一九七〇年代のイタリアで「認知資本主義」のもっともはやい出現に立ち会いつつ、それぞれの思考をねりあげていったことである。とりわけ一九七三年のトリノのフィアット自動車工場ミラフィオーリの占拠は画期的だった。そこではアウトノミア運動を象徴する「労働の拒否」がとなえられるが、この出来事の解釈をつうじてネグリとビフォの態度は分岐していく。ネグリが固執するのは、占拠を契機とする前衛党の組織化である。資本に包摂されている労働者の闘争を、外部からの介入によってより高次の段階へと覚醒させなければならない。それにたいして、ビフォが占拠の主体に見出したのは「文化水準の高い若者たち」であり、「労働者たちは自分たちが何をなすべきかということを彼ら自身で完璧に理解していた」ことである。

もちろん、のちにネグリは前衛党の組織化というヴィジョンを自己批判するが、それでも価値の創出が資本によって包摂されているという観点はすてない。それがハートの言説にも影をおとしていることはあきらかだろう。他方、ビフォにとって労働者たちの実践は、資本にも前衛党にもとらえられないものであった。同様に、ゴルツの「非物質的なもの」も「認知資本主義」による包摂から疎外されているのであり、その外在性が「資本主義の危機そのもの」をもたらす。「非物質的なもの」は質料としての物質でもなければ、形相としての精神でもない。それは資本の捕獲が前提する質料形相の図式を解体するようにはたらくのであり、対象を欠いた表現の遂行性において「価値」の源泉そのものとなる。ゴルツが「存在給与」に解放の契機をみてとるのは、この「非物質的なもの」の価値論的差異の「潤沢性」のひろがりのなかで、賃労働制を廃絶しうるという見通しがあるからである。

「喩」の叛乱

友常勉はその『脱構成的叛乱』で、戦後の代表的な思想家である吉本隆明の『論註と喩』のマルコ伝論についてつぎのようにいう。

主人を下僕とし、下僕が主人となるこの観念による反転はイエスの言葉によって遂行される。病いは治癒され、海の嵐はイエスの言葉とともに静まり、そしてイエスは復活する。そもそも、よく知られているイエスの伝道開始の言葉である、「(定めの)時は満ちた、そして神の王国は近づいた。回心せよ、そして報いの中で信ぜよ」において、時間はいまだやってこないにもかかわらずすでに到来している。クロノロジカルな時間は反転され、観念のもとに所有された時間（＝カイロス）による支配が実現している。そして反転された時間のもとでのみ不可能性が、奇跡が可能となる。観念の支配という〈信〉が前提になるとはいえ、そこでは不可能をさす言葉こそが奇跡なのだ。「言葉が成就するがゆえに現実は成就するのだ」。「奇跡はただ不可能な言葉の喩としてしか、わたしたちにあらわれない」。同様に、「現在では奇跡は暗喩のひとつの在り方つまり不可能のことなのだ」。さらにこうもいえよう。世界の反転＝革命を欲するのならば、不可能なことを言葉にしなければならない、と。

友常は吉本の『言語にとって美とはなにか』をまずとりあげる。そこでいわれている「指示表出」と「自己表出」は、それぞれ言語行為論における事実確認的なものと行為遂行的なものに対応するだろう。すなわち「指示表出」とは事実確認的な「記号と参照項の関係」であり、「自己表出」とは「言語を運用する主体の意識の作用」の行為遂行的なはたらきとひとしい。吉本にとっての表現とは、こうした言語行為論的なふたつの「表出」の緊張関係にほかならないのだろうが、注目すべきは、表現が事実確認的な「指示表出」の機能から遮断され、純粋に「自己表出」の行為遂行性へと逼塞するときに「喩」が発生することである。しかも、吉本が語るマルコ伝のイエスがそうであるように、この「喩」において社会と言葉の関係は逆転し、「言葉が成就するがゆえに現実は成就する」。たしかに「喩」は現実の参照項を欠く「不可能」なものだろう。だが、それゆえにその「観念による反転」をつうじて「奇跡」が出現する。「世界の反転＝革命」は「喩」にやどるのであり、「不可能なことを言葉にしなければならない」のである。

おなじことは「非物質的なもの」についてもいえるだろう。それはなにより「言語を運用する主体の作用」＝「自己表出」である。「認知資本主義」はその捕獲をめざすが、計算も数量化もできない。にもかかわらず、その「潤沢性」は枯渇することもなければ、「伝播や共有」をさまたげることもできない。「非物質的なもの」は「希少性」という資本の尺度からその本性において疎外されている。そこではたらいているのは価値法則が前提する「クロノロジカルな時間」ではなく、いわば「観念のもとに所有された時間（＝カイロス）」である。そして、ビフォがフィアットの工場の若者たちにみてとったように、叛乱はこの「喩」＝「非物質的なもの」において生起する。それは冒頭のエピグラフにあるような「ヒューマンストライキ」とよぶべきものとなるだろう。通常のストライキは、なんらかの獲得目標という参照項をもつ「指示表出」にすぎない。それにたいして、端的に「労働の拒否」をかかげる「ヒューマンストライキ」は、その疎外

＝「自己表出」の孤絶した遂行性において「世界の反転＝革命」という「喩」の契機をふくみもつ。ティクーンのいうように、完全な包摂をめざす「認知資本主義」のもとでは「すべてが労働」とみなされるだろう。だが、くりかえすが、「認知資本主義」は厳密には「非物質的なもの」に依拠しているのではない。その捕獲のための制限や囲いこみの尺度（それは「選択肢」や「ソリューション」等々としてしめされる）を案出し、われわれに刷りこもうとしているだけである。われわれの「非物質的なもの」は資本から疎外されているのであり、言語学者パースの言葉をかりるならば、その「絶対的潜勢態」において「認知資本主義」の用いる尺度の廃絶がめざされる。そしてパスカルのいう「内乱」が尺度そのものの失効のもとで生じるのであるならば、「喩」の叛乱は内乱であり、それは今日の経済の全体主義にとってはすでに最大の災いである。

未開の大学

原子力は統治のアルケーである。企業のパラダイムは原発であり、軍のパラダイムは原爆と対原発テロであり、大学のパラダイムは原子力工学だろう。メディアは原子力の栄光部門をつかさどる。行政と立法と司法は、原子力体制をつつがなく運営するマネジメント部門でしかない。原子力体制とはこれら装置のアレンジメントであり、原子力権力のエージェントとはありふれた他者である。私と君がわれわれと呼び合い、内在平面を獲得するとき、われわれの周囲に敵としてたち現われるのが他者である。そしてわれわれは呪文をとなえる。他者よかくあれかし、社畜よかくあれかし。アーメン。——アンナ・R家族同盟

Chronique
de l'année
2011

なぜ学生運動が頻発するのか？

チリの学生運動家カミラ・バジェホの群集をまえに力強く語るすがたは、いまや中南米だけでなく世界的なアイコンのひとつだろう。とはいえ、伝統的なコミュニストでもある彼女のかかげる要求はごく穏当なものである。大学の授業料を無償にすること、そのために銅山で高収益をあげている多国籍企業にたいして増税し、さらに軍事費を削減すること。そして無償化された大学では、実利の追求ではなく、教養教育が拡充されるべきであること。

これらの要求のもと、今年（二〇一一年）の五月以来、ストライキや街頭行動がくりかえされる。だが、見通しはかならずしも明瞭ではない。デモや集会やコンサート、あるいは二〇〇〇人の恋人たちによる「キス抗議」など、当初は牧歌的な雰囲気もあった。だが、学生たちを支持する労働者による八月のゼネストをへて弾圧はエスカレートし、一六歳の高校生が凶弾にたおれる。

セバスティアン・ピニェラ大統領は、緊迫した状況のなかで交渉に応じた。彼は貧困層の救済にはやぶさかではないものの、無償化は不可能であるという態度をしめす。大統領の支持基盤はピノチェト軍政下の「経済改革」でうるおった金融資本である。大学占拠の重罪化などももくろまれている。学生たちに「春」がおとずれる可能性はかならずしも楽観できない（二〇一五年には一定の無償化が実現した――付記）。

おなじことは、六月以来、デモや占拠が断続的につづいている韓国についてもいえる。政府は給付奨学金の拡充というかたちで譲歩し、その生活保護世帯への支給は授業料をうわまわり、高額所得者世帯にも授業料の一〇分の一程度が支給されることになった。李明博大統領は来年の大統領選挙にむけて、あらためて授業料の半額化という公約を打ちだす。だが、チリと同様に、とりしまりは強化されつづけている。

チリの年間授業料は約一五万円から三〇万円、韓国は三〇万円ほどであるという。OECD諸国のなかでは、それぞれの物価を勘案すると、アメリカについで高い水準にある。もちろん、アメリカの大学の危機的な状況も看過できないだろう。二〇〇九年には、カリフォルニア大学で大規模なストライキがあった。これも州の財政の逼迫とともに、授業料が断続的に上げられたことに端を発する。あるいは昨年（二〇一〇年）のイギリスの大規模な抗議行動も記憶にあたらしい。

こうした学生運動の頻発は、直接には、授業料の急騰がひきがねとなっている。ただ、それらはたんなる現在の窮状への反応ではない。無償化がキーワードになっていることからもわかるように、七〇年代のアメリカの州立大学（現在も八割ほどの学生が通う）や、九〇年代までのイギリスのように、現実に授業料が無償だった記憶が運動の持続をささえている。つまり学生たちはこう問うている。この四〇年のあいだに、いったいなにを失ったのか、そして未来にたいして、大学の無償性の再興はどのような意味をもちうるのか、と。

じっさい、チリで標的となっているのは、七三年の軍事クーデターによって導入されたネオリベラルな経済改革の遺制である。多国籍企業のもとにとりこまれたのは銅山ばかりではない。大学を民営化することで、当時の軍事政権は抵抗の拠点を掘りくずしていった。韓国についても、おなじ機制がはたらいている。まず「改革」を主導する軍政があり、そしてその終焉にもかかわらず（あるいはそれゆえに）、大学はよりいっそう経済のロジックにくみこまれていく。

端的にいおう。頻発する学生運動の賭け金とは、経済の支配そのものをしりぞけることである。そのかぎりで、ロンドンの暴動や「ウォール街占拠」についても、現在の学生運動との共振や重合はあきらかだろう。ロンドンの街路には大学生となるべき「ミドルクラス」の若者のすがたが数多くみられたし、「占拠」の意義をネットで配信するのはシカゴの大学院生である。無償化の要求に表現されているのは、経済のロジックにもとづく統治から離脱した生のいとなみの希求であり、そこでは大学というういわば旧約の予型論的な解釈をつうじて、あたらしい生のアレンジメントが思い描かれている。

したがって、すくなくとも二つのことが問われなければならない。第一に、大学がしりぞけようとしている今日の経済の支配は、いったいどのような様態でわれわれのモラルや共同性を編成しているのか？　そして第二に、大学が経済の支配に抗するのみならず、それにとってかわるものであるとすれば、それはどのような世界のアレンジメントを切りひらいていくのだろうか？もちろん、こうした問いは、運動のなかでさぐりあてられていくはずである。われわれとしては、マウリツィオ・ラッツァラートやイヴ・シトンの近著から、その手がかりの一端にふれてみたいと思う。

借金漬けの人間をつくる

ラッツァラートはその『〈借金人間〉製造工場』で、今日の経済による支配の様態についてつぎのようにいう。

負債はもっとも脱領土化され一般化された権力関係を構成し、それをつうじてネオリベラルな権力ブロックはその階級闘争を組織する。負債は横断的な権力関係をしめしているのであり、そこでは国境や生産の二元論（就労／未就労、雇用／失業、生産的／非生産的）もなければ、経済と政治と社会の区別もない。それは惑星規模の直接的な次元で作用し、その住人たちを横断しつつ、借金漬けの人間の「倫理的」製造をもたらすとともに、それを助長するのである。

一般に「ネオリベラルな権力ブロック」については、とりわけ金融資本の強欲、あるいはその「階級闘争」にともなうジェントリフィケーションの亢進が語られる。いずれも妥当な見解だろうが、それらがしいる「権力関係」がこれほど「脱領土化」し、日常の奥深くまで浸潤している事態は、ラッツァラートのいう「負債」の「横断性」をぬきには考えられないだろう。金融資本はなにより債権者の巨大な複合体であり、監視カメラや警察のとりしまり以前に、われわれは債務を負うことの影におびやかされつつ、行動や思考、さらには感情の表現にまで無意識にたがをはめている。

われわれに必要なのは、もっともらしい金融や財政の分析よりも、政治的、社会的、そして美学的な範疇を横断する「負債の経済」とよぶべき理論的なパースペクティヴである。ラッツァラートによれば、それはすくなくともふたつの「仮説」からなるという。

第一に、社会のパラディグムは、（経済的そして／あるいは象徴的）交換ではなく、信用によってもたらされるという仮説。社会的関係の根底にあるのは、（交換の）平等ではなく、負債／信用の非対称性であり、歴史的にも理論的にも、それが生産や賃労働にともなう非対称性に先行する。第二に、債務者としての主体やその「道徳性」の生産は、負債という経済関係にわかちがたく結びついているという仮説。負債の経済によって、古典的な意味での労働は「自己への労働」に裏打ちされ、その結果、経済と「倫理」は手をたずさえて機能するようになる。今日の「経済」という概念が包含するのは、経済的な生産であると同時に主観性の生産でもある。一九世紀と二〇世紀に革命を語るさいに用いられた一連のカテゴリー――労働、社会、そして政治――は、負債によって横断され、それらの十分な再定義がなされるだろう。

われわれの生きる「社会的関係の根底」には「負債／信用の非対称性」がある。そのかぎりにおいて、市場の等価交換にもとづく経済学にせよ、対話や熟慮の「平等」な関係を前提する政治学にせよ、現状にたいする認識をもたらしえない。この「不均衡」にねざす社会では、モラルの源泉は債務の返済であり、責任ある人間になることは、債務を負うことができる「借金漬けの人間」になることにほかならない。そしてこの「負債の経済」に従属する「主観性」の生産のために、就活での消耗からライフスタイルへの渇仰まで、なかば自発的な終わりのない「自己への労働」の日常がしいられる。

こうした「負債の経済」の「仮説」のもとに、まず召還されるのは『道徳の系譜学』のニーチェである。そこに初期マルクス、さらにフーコーの生権力論やドゥルーズ＝ガタリの『アンチ・オイディプス』での資本主義の分析が重ねあわされる。ニーチェが人間であることのやましさの起源に、債務者の「道徳」や「良心」を見出したことはよく知られているだろうが、ラッツァラートはおなじ観点の萌芽をマルクスの負債論「信用と銀行」（一八四四年）にみてとる。マルクスによれば、借金の目的は「貧者」の「社会活動」の支配だけでなく、その「存在」そのものの隷属をつくりだすことにあるという。すなわち「貧者の生や才能や活動は、金持ちにとって借金返済の保証であることがわかるだろう。別の言い方をすれば、貧者の社会的美徳のすべて、社会的活動の内実、存在そのものが、金持ちにとっては、資本や日々の利息の返済の元手となっている。だから貧者の死は債権者には最悪の事態である。それは資本と利息の死である」。

債権者は「存在そのもの」を支配する。ここからフーコーの語る生権力との疎隔はわずかなものにすぎない。じっさい、生権力という概念の誕生じたい、七〇年代の「ネオリベラルな権力ブロック」の台頭とは無縁ではないだろうし、『アンチ・オイディプス』で展開される負債の小史ともいえる考察は、その台頭を予示する「暗い先触れ」でもある。ドゥルーズ＝ガタリにとって、金融市場に流通する貨幣は、日常の売買を媒介するだけではない。それは脱領土化する権力として、われわれの日常そのものを破壊するとともに別様につくりかえていく。

中世ヨーロッパで、利息が禁じられていたことを想いおこそう。貸し手が利息をとるのは、返済までに時間が経過するからである。しかしながら、中世のひとびとにとって、時間は神の創造物である。利息というかたちで時間を換金することは、神のものを盗むにひとしい行為だった。われわれにとっても、同様のことがいえるだろう。時間そのものは、もはや神のものではないだろうが、盗まれていないのではない。それは「惑星規模」の次元に跋扈する債権者のものとなっているのであり、その権力のコントロールは、われわれじしんの将来の展望にまでおよぶ。個人の債務がなくても、所得税の総額は、ほぼ公債の利子の支払い額に相当する。われわれは公的な負債の返済のために労働し税金をはらっているのであり、この体制のもとで首尾よくなんらかの雇用にありついたとしても、それはローン漬けの人間になる以外のことではないだろう（車、教育、住宅……）。

大学のトランストテゴリー

この体制の支配からの出口はあるのだろうか？　ラッツァラートによれば、その突破口はなにより借金を「一銭たりとも」返さないことであるという。かつての工場労働者のストライキと同様に、債務の帳消しをもとめる闘争は「負債の経済」の横断的なコントロールをゆるがす。じっさい、今日の学生運動における無償化の要求の根底には、借金漬けになることの拒否がある。そのかぎりにおいて、それは危機の表現である以上に、借金漬けの国家や社会にとってかわる世界像を模索する契機であるだろう。

ラッツァラートじしんは、債務の拒否という闘争をよびかけると同時に、アニミズムの再考にそうしたあたらしい世界像の手がかりをもとめている。導き手は晩年のガタリである。ガタリは国家や経済の超越的な支配をもたらす二元論（形相／質料、主体／客体、人間／自然、等々）の解消のために、一時的であれアニミズムを通過しなければならないと考えていた。一般にアニミズムにおいては、自然は人間の分身となる。そこには操作の対象である自然や他者は存在する余地はない。草木が語り、石が考えるとき、よびおこされているのは主観性の唯物論的な地平である。ガタリないしラッツァラートにとっては、アニミズム固有の相互浸透関係への内在なしに、国家や経済の超越的な指令に抗する「精神のエコロジー」の展望はありえない。

われわれにとって興味深いのは、こうして再考されつつあるアニミズムの様相が、イヴ・シトンの語る人文学的な解釈の営為と通底するように思われることである。一八世紀文学の読解の刷新をすすめていた研究者だった彼に、状況への理論的な介入をうながしたのは一連の大学改革の動きだった。二〇〇九年二月、サルコジ大統領は「『クレーヴの奥方』を読むことがいったいなんの役に立つのか」と挑発する。それにたいして、フランスの大学は一年にわたるストライキで応じた。シトンの『読む、解釈する、現働化する――なぜ文学研究なのか?』は、その帯に

「サルコジへの五三の回答」とあることからも明白なように、こうした大学の危機のなかでつむがれたものである。以後、そこでねりあげられた理論は『ミトクラシー――ストーリーテリングと左翼のイマジネール』や『人文学の未来――知識経済か解釈の文化か？』などの著作で展開されていく。

このようなシトンにとっても、読むことはまずなにより、いわばアニミズム的な主観性に内在する解釈のいとなみである。外延的な参照項（歴史、文化、影響関係等）は二次的なものとして括弧にくくられ、読むという人間の普遍的な行為のただなかにおいて、そのことのはらむアレゴリックな擬人性があぶりだされる。読むことが普遍的であるというのは、それが文字の読解にかぎらないからである。われわれはあらゆるものを読み解きながら生きている。だから解釈の原理をつきつめていくならば、われわれの生の底にふれざるをえない。その意味で、解釈する者はつねにアルカイックな現在を生きているのだろうし、アニミズム的な人称性の問い（「それは私になにを語りかけているのか？」）のもとにある。そしてシトンによれば、こうした「解釈の営為」の核心ではたらいているのが「転導（transduction）」である。

伝統や裏切りや翻訳というような言葉ではなく、ジルベール・シモンドンの「転導」という言葉をあらためてとりあげることで、解釈の営為による移行の様態をよりよく示すことができるだろう。シモンドンがこの言葉で意味したのは「物理的、生物的、心理的、社会的な作用であり、それによって、ひとつの領域の内部で、任意の活動がしだいに伝播する」ことであるが、それは見かけ上は離れた領域を横断しても生じるという。（文学的な）解釈とは、こうした転導のはたらきに属するものであり、そのかぎりにおいて、ある時代から別の時代のみならず、ある知の領域から別の領域へ、ある参照項から別の参照項へ、それらを隔てている差異や落差といった両立不可能性を横断して、解釈はテクストや文を移行させるのである。

シトンの言及する哲学者シモンドンにおいては、個体は内在的な発生の観点からとらえかえされる。個体やその集合は、モデルや形相の鋳型を外から押しつけることでつくりだされるのではない。「準安定」という不安定な内在の状態があり、そこに遍在する微細な「齟齬」が相互に共振することで個体の結晶が生じるという。この「齟齬」の共振による伝播が「転導」とよばれているものだが、それが解釈の営為をよく説明することはあきらかだろう。テクストが語るという、読むことのアレゴリーないしアニミズムのなかに、解釈する者はつなぎとめられている。そこで生じる「齟齬」をふくむ「準安定」状態を解消するために、外部の参照項を導入することは可能である。だが、その場合にも、解釈する者の「準安定」状態が先行していたはずであり、解釈は内在しつつも既存の諸領域の「両立不可能性」を横断して生成していく。シトンはこの解釈の内在的かつ力動的なプロセスに人文学の原理的な可能性をみると同時に、ひとびとがみずから神話をつむぎだす「ミトクラシー（神話政治）」をも構想する。体制を批判するだけでは不十分である。それは補綴の役割しかはたさない。解釈の「転導」において、われわれはみずからの神話そのものを生きるべきである、と。

こうしたシトンの構想を、あらためて大学論の観点からとらえかえしておきたい。大学という場で表現されている生のアレンジメントは、国家や社会のそれとは異なるものである。国家がその根幹において戦争をつうじて組織されているように、社会の集合性は貨幣に媒介された活動に準拠する。それらにたいして、大学の名のもとで名指される生のアレンジメントのひろがりは、普遍的な営為としての解釈の実践に裏打ちされている。デリダの『条件なき大学』を想いおこそう。そこにカントの啓蒙論――あるいはフーコーによるその読み直し――を聴きとることは容易である。「啓蒙」が学識ある者が孤独に書物をひもとくすがたにやどり、それが大学と重ねあわされる。出現しているのはシトン＝シモンドンのいう解釈の「転導」とよぶほかないものだろう。その共振そのものが大学のいわば脱構築できない「権利」であるかぎりにおいて、大学の核心に「文学」をみてとるデリダの言葉は字義どおりにうけとめなければならない。

われわれは大学の名において、いったいなにを思い描いているのだろうか？　フィクションはたんなる想像物ではない。国家や社会というフィクションがそうであるように、われわれじしんによって生きられるものである。国家は戦士の生を必要とし、社会――それはフランス革命後の蜂起の連鎖を鎮圧するために発明された概念である――は資本家の生と不可分である。そして大学では読むことのアルカイックな次元が見出されるのだろうが、そこで生きられるのは神話的な未開の生であるほかないだろう。そもそもヨーロッパ中世における大学の誕生においても、当時の「人文学士（artistae）」たちは神話の読解に固執した。彼らが「ここにとどまろう」というスローガンのもとで教会の支配に抵抗したとき、「ここ」には大学の神話政治が発現していたのだろうし、触知されていたのは読むことのアニミズム的な共振ではなかったのか？

シェリングによれば、神話は「トテゴリー（tautégorie）」のもとにあるという。アフロディテを自動的に愛の概念におきかえてはならない。そうした狭義のアレゴリーによる読解の操作は冒瀆にすぎない。あらゆる外延的な解釈をしりぞけ、神話そのものに内在すること——彼はそれをトテゴリーとよび、国家や市民社会の成就を言祝ぐヘーゲルのかたわらで、アルカイックな神話世界のなかに降下していった。このシェリングの問いはウィリアム・ジェームズやカッシーラーにもおよぶのだろうが、われわれとしては、フランスの哲学者リオタールによるカントの『判断力批判』読解にもふれておこう。リオタールは、悟性のカテゴリーが機能しない地点で、感性のトテゴリーのはたらきがあらわになるという。主体から客体に投げこまれる概念の枠組みがカテゴリーであるのにたいし、トテゴリーは内在的な感覚の共振において生起する。それは大学がねざす読むことのアニミズム的な主観性の表現ともいいかえられるのだろうし、シトン＝シモンドンのいうように、トテゴリーの共感覚的な振動＝「齟齬」に「転導」が生じるのであれば、大学とはトランストテゴリーなものといえるだろう。それは内在しつつ、遠く近く伝播していく。大学は国家や社会にたいして、読むことの未開の主観性を開示しているだけではない。解釈の転導性に定位しているかぎりにおいて、その未開の神話政治は国家や社会とは別様の生のアレンジメントを撒布していくはずである。

「敗走」のなかで

美学者の丹生谷《にぶや》貴志は大岡昇平の語るレイテ島での「敗走」についてつぎのようにいう。

『野火』に見られたように、孤独な敗走は一種ミスティックとも見えかねない「狂気＝浄化」、言葉の真の意味でのアポカリプティックなヴィジョンへと開く類のものでしたが、それはあくまでも孤独な敗走者の一種の幻視とも言えて、それを敗軍という集団の本質へと拡張することには如何にも無理があるようです。無理があるのですが、しかし、大岡氏はそれを試みようとしていた気配があるのです。つまり、一つの社会全体が社会の外へ外へと敗走し、言わば社会全体がその《外》への崩壊そのものを生き始める、そうした瞬間を描き出そうとしていた気配があるのです。言い換えれば、社会全体が一種の詩的空間へと散開し、そこで散逸と蝟集を繰り返す何か知れない動きを始めるかに見える、そうした瞬間を描こうとしていたのではないかと思うのです。

フクシマ以後、われわれもおなじ「敗走」を生きている。冒頭のエピグラフにかかげたアンナ・R家族同盟もいうように、原発はたんなる発電施設ではない。それは国家や社会の統治の「アルケー（起源）」である。国家や社会は保身に懸命だが、レイテの兵士たちと同様に、それらの語る再興や収束を信じる者などいない。われわれは「《外》」へと「敗走」するほかないだろう。大岡＝丹生谷は、その「敗走」において「アポカリプティックなヴィジョン」が開かれるという。その「真の意味」とは覆いをとりはらうことであり、それが「一種ミスティック」なのは、国家や社会がとりはらわれた世界があらわになるからである。それは「孤独な敗走者の一種の幻視」にすぎない。だが、大岡＝丹生谷の賭け金は、その「詩的空間」が「散開」、つまり「転導」して、国家や社会にとってかわるひろがりを見出すことであり、それはわれわれにとっては、未開の大学が切りひらくアレンジメントでもあるだろう。

もちろん、フクシマ以前から、国家し社会の荒廃はあきらかだった。それらは「借金漬けの人間」をつくるだけである。この四〇年のあいだに、原発という物質的基盤の配置を媒介して、学校であれ企業であれ、諸制度は資本の捕獲装置に改造されていった。この事態について、すでにフランスの思想グループ「ティクーン」はこう言明していた。「帝国のもとで、旧来の諸制度はひとつずつ荒廃し、大量の装置へと転化していく。帝国に固有の任務として現在すすめられているのは、すべての制度を入念に解体すること、それらを装置群に変えること、相対的で変化しやすいツリー状の諸規範に変えることである」。フクシマの特異性とは、国家や社会がティクーンのいう「帝国」の装置群の寄せ集めにすぎないことをあらわにしたことである。政府が被曝地帯に住民をおしとどめるのは税金——くりかえすが、それは公債をつうじて「帝国」の金融資本へと転移される——を支払わせるためであり、東電がつぶれないのは、返済すべき債務を負っているからである。

大学の無償化をかかげる学生運動が頻発するのも、こうした装置群にたいする「一種ミスティック」な「浄化＝狂気」の表現にほかならない。だからチリや韓国の大統領のもっともらしい対応はしりぞけられるのだろうし、たとえば矢野眞和が提案するような「現実的」な無償化の要求とは別の次元で解釈されるべきものである。おなじことは二〇一一年四月一〇日に高円寺で生じた反原発デモについてもいえるだろう。忽然とあらわれた二万人の群集はトランストテゴリックな「しるし」としかよびようのないものだった。「しるし」とはそれじたい解釈されるべきトテゴリー的な痕跡である。なんらかのカテゴリーにもとづいて動員されたのではない。共振していたのは、カントのいう孤独に書物をひもとく者に生じる主観性だったはずである。われわれとしては、そこに大学のトランストテゴリーなアレンジメントが立ちあらわれたといってよいだろう。

そしてさいごに、イタリアの作家集団「無名一号《ウー・ミン1》」の美しいテクスト「われわれは皆、一九一七年二月である」にもふれておきたい。第一次世界大戦中、ロシア革命が生起する。当時の情報統制にもかかわらず、また革命政権の実体とは無関係に、イタリアの労働者たちは出来事を解釈し、反戦デモとストライキをくりかえした。「無名一号」によれば、この錯誤をはらんだ共振は、プルーストの『失われた時を求めて』の一節やマヤコフスキーの詩「一億五千万」を参照することで理解できるという。そこでは少女たちの海辺を散策するすがたが「共感覚的」に表現され、ロシア革命の全体が「擬人化」される。少女たちは「流れるように動く集団の美のたえまない移動」であり、「街灯、動物、列車、ビル、河」がデモやストライキをする。事態は明白だろう。出現しているのはアニミズム的な共振のトランストテゴリーである。われわれはみな、レイテ島の敗走者であり、バルベックの浜辺にたわむれる少女たちであり、一億五千万のイワンである。そしてこれらはわれわれが未開の大学のためにとなえる「呪文」でもあるだろう。

外国語学習のエチカ

大学がこれほどの数になり、重視されたことはなかった。にもかかわらず、大学は不信のなかで苦しみ、みずからを見失いかけている。英国の評論家ステファン・コリニーは近著『大学はなんのためにあるのか？』の冒頭で、二一世紀の大学の「パラドキシカルな位置」についてこう語る。文部科学省も「未曾有の事態」であるという。われわれの大学への欲望とそれにともなう不信の高まりはいずれも際限がないかのようである。

ケインズの一九三〇年の講演を想いおこそう。資本の蓄積に必要だったのは、識字率の向上をつうじた規律訓練だった。従順な労働者を大量につくりだすことが教育の目的であり、高等教育はマイナーな奢侈にとどまる。だが、当時のケインズによれば、おそらく数十年のあいだに物質的な需要はみたされ、経済活動はその使命をおえるはずだった。ひとびとは労働からなかば解放されて「永遠の問題」にとりくみ、うたうことを知らない者たちはやがては途方にくれることになる。ケインズが思い描いていたのは、大学的な生のありようにねざした世界である。

フランスの哲学者ベルナール・スティグレールによれば、こうした大学といういとなみの核心にはテクストの解釈における「文法化」の実践があるという。聖書であれ法律であれ、あらゆる権威のテクストはいったん文法の網目をくぐって解釈される。意味をつくりだすのは、テクストの権威そのものではない。文法にもとづく読解をつうじて、意味の産出はひとりひとりの解釈にゆだねられる。こうした権威によらない、瀆神ともいえるふるまいが大学といういとなみを賦活してきた。だからこそ、かつてのキリスト教会は大学に介入しようとしたのだろうし、今日でも、現代の神学である経済学の信者たちは大学の捕獲に余念がない。

近代の大学は、けっきょくのところ神学の介入をしりぞけていった。ケインズ的な見通しのもとで、われわれも経済への信仰から大学をつうじて解放されるのだろうか？　たしかなことは、大学への欲望は上昇しつづけているし、大学といういとなみの核心にある文法的な解釈の実践は、ごく端的に外国語学習のひろがりというかたちであらわになっていることである。革命家だった谷川雁が七〇年代に、語学教材の販売に転身したのは徴候的な出来事だろう。大学そのものの叛乱がつづく一方で（近年のヨーロッパ大学動乱を想起しよう）、その外部において、外国語の学習の隆盛もとどまるところを知らない。かつてそれは大学のエリートの占有物だったが、いまや通勤電車で語学教材にとりくむひとびとのすがたはありふれたものである。問われなければならないのは、そこに賭けられているものである。なぜ学習なのか？　なぜ外国語なのか？　そしてそれが延命をはかる経済という神学にたいする罷免のみぶりであるならば、われわれはどのような世界を切りひらこうとしているのだろうか？

モンスター、瞬間、多読

現在の外国語学習の高まりの中心は英語である。とりわけ経済のグローバル化とともに、おびただしい数の「ＴＯＥＩＣ対策本」がでている。だが、こうしたＴＯＥＩＣの普及にともなって、英検やＴＯＥＦＬの影はうすくなっている。ＴＯＥＦＬは米国の大学への留学を前提とする。英検もまた、大学での英語教育が尺度である。それらにたいして、ＴＯＥＩＣは大学を参照点とする国内の教育課程に即したものでもなければ、その次の段階としての留学にそなえるものでもない。

このＴＯＥＩＣへの移行のうちに、いわゆる「コントロール社会」（ドゥルーズ）の亢進をみてとることは容易である。英語学習はもはや学校や大学という閉じられた環境にねざすのではない。われわれはＴＯＥＩＣを尺度とする「生涯学習」のはてしない引きのばしをしいられている。それは英語の学習が「閉鎖環境をはなれて銀行がとりしきる開かれた回路に組みこまれてしまった」

事態といってもおなじだろう。われわれは工場での労働者たちのように学んでいるのではない。学習そのものが不断のマーケティングやリスク・マネジメントに重ねあわされる。「人間は監禁される人間であることをやめ、借金を背負う人間となった」のであり、われわれは借金を返しつづけるように英語を学びつづける。

「イングリッシュ・モンスター」の出現は、こうしたコントロールの体制にたいする抵抗としてまずは解釈できるだろう。彼が「モンスター」であるのは、たんに英語の運用に熟達しているからではない。彼は四〇歳をすぎてからTOEICをうけはじめ、満点記録を更新しつづけている（二〇一二年の時点で九三回）。しかも、それ以前に留学はおろか、英語をじっさいに話したこともなかった。三〇代なかばで洋書店の営業職をやめて、家賃が二万円の仙台のアパートに引きこもる。一年ほどはテレビをみてすごすが、その後、六年間にわたって一日八時間以上の英語学習に打ちこんだという。方法はきわめて簡素である。辞書をひきながら本や雑誌を読み、テレビの英語の放送を録画して聴きとりの練習をする。彼がこの生活に終止符を打ってTOEICをうけはじめたのは、引きこもるための蓄えがつきたと同時に、ひそかに想いをよせていたスーパーのレジ係の女性の名札に記された苗字が（おそらく結婚によって）かわったからだった。

この「イングリッシュ・モンスター」が満点をとりつづけるかぎり、TOEICの現実との接合はあいまいなものとなってしまう。理論上は、その最終的な到達点は「イングリッシュ・モンスター」である、ということになるのだから。それはTOEICが想定するような、グローバルな経済の要請に柔軟に対応する人間ではない。彼の引きこもりの逸話がしめしているのは、外国語の学習に固有の反社会性である。大杉栄の「一獄一語」を想起するまでもないだろう。言語の習得にもっとも有効なのは、監獄のように閉ざされた環境である。それは母語でもかわらない。われわれは言語という牢獄のなかに産み落とされるのであり、留学が外国語学習に有効であるのは、この牢獄を生きなおすことをしいられるからである。「イングリッシュ・モンスター」はそれを仙台のアパートの一室で実行したのだろう。引きこもること、留学して外国人となること、そして新たに生まれること。これらの怪物的なふるまいをつうじてコントロールに断裂がつくりだされる。想いおこされるのは、大学における「文法化」の不穏な瀆神のふるまいである。

おなじことは、一般に定着した感もある「瞬間英作文」や「多読」についてもいえるはずである。前者の提唱者である森沢洋介によれば、そのきっかけはじしんの二〇代なかばの出来事にさかのぼる。彼は大学を中退してから一五〇冊のペーパーバックを読み、毎週欠かさず『ニューズウィーク』を購読していた。にもかかわらず、当時通っていたキックボクシングジムにやってきたスペイン人と英語でのかんたんなやりとりもできなかった。国際通信社にもつとめる日本人コーチがスペイン人と流暢に会話していたので、後日どうやって英語を習得したのかたずねてみると、留学や海外生活の経験はなく、社会人になってから有名な英語専門学校で学んだという。

彼が通ったという英語学校で学ぶことも検討しました。しかし、調べてみるとその学費はかなりの額で、当時の私が捻出できるものではありませんでした。それならば、英語を話すことを目的とするサークルに参加するというのはどうか？　それは、あまり食指の伸びる選択ではありませんでした。元来、私は人と集うことは得意ではありません。加えて、当時の私は奇妙な野心を持っていました。海外で暮らしたり、学校に通うことなしに英語を覚えるということです。一つの自然言語を、たった一人で、教材の学習だけで身につけるという、いわば試験管の中で人工的に生命を培養することに似た行為を実現することでした。

最終的に森沢のとった方法じたいはなんら奇をてらったものではない。基本的な文法の要素をふくむ一定量の平易な文を瞬時に日本語から英語に転換する。彼はこの訓練の効用を負荷の軽い筋力トレーニングにたとえる。言語と身体のアナロジーも興味深いものだが、注目すべきは、彼の「元来、私は人と集うことは得意ではありません」という言明だろう。社会からの離脱において、文法規則の身体化のための方法がねりあげられる。それは「たった一人で」おこなわれるべき実験であり、誕生するのはあたらしい「生命」である。

そして、一見すると、この「瞬間英作文」とは対極にあるような英文の「多読」についても同様の機制をみてとることができる。「多読」は「瞬間英作文」とは異なり、すでに教育機関でひろく採用されている。だが、その代表的な推進者である酒井邦秀の語る「多読」の実践は、教室における集団性の解体という点で破壊的である。そこでは教員はじぶんからは教えることをしない。教室にあつまった学生はそれぞれが気にいった教材を読みつづけるだけである。すこしずつ水準をあげていくが、進度は各人にまかせられている。だから、おなじ絵本のシリーズを読みふける学生もでてくるという。ここでめざされているのも負荷を軽減した言語の身体化であり、「一つの自然言語を、たった一人で、教材の学習だけで身につける」ことにかわりはない。

無知な教師の「不機嫌」

とりわけ「多読」においてあきらかだろうが、こうした英語の学習における個体への傾斜は、コントロール社会との親和性もおびていることに注意しよう。「イングリッシュ・モンスター」とは別様に、かつての英国首相は社会を否定してみせたし、身体性への回路をつうじた個体の成型というテーマそのものも、階級という集合的な「閉鎖環境」の溶解とともに前景化されてきた。「瞬間英作文」のはじまりがキックボクシングのジムであることはおそらく偶然ではないだろう。そして「多読」の実践は、学習そのものをマネジメントの手続きに切りつめるかのようである。

じっさい批評家の廣瀬純によるランシエールへの批判は、こうした学習の様態がコントロール一般に組みこまれているという現状の認識からくる。ランシエールにとって、政治とは語るはずのない者が語りはじめることである。たとえばその『無知な教師』において、フランス語教員としてオランダの士官学校に着任したジャコトは、フェヌロンの『テレマックの冒険』の仏蘭対訳本を自習するように学生に命じるだけでなにも教えることはない。学生たちは個別にテクストを身体化し、教員は進捗をコントロールする。ランシエールはこのような知性の現勢化を政治的な解放であるとみなすが、廣瀬にとっては、それは「ネオリベラル的エンパワメント」とかわるところはない。今日の経済の標的は身体的＝物質的なものだけではない。捕獲の対象は、知的＝非物質的なものにおよんでいる。この変容にたいして、ランシエールはあまりにも鈍感ではないか？　みずからの知的な解放に疲労する者たちもでてくるだろう。なにも教えないことで、そうした者たちを切り捨てるならば、「企業家」や「人的資本」たれと無慈悲に鼓舞することとかわらないのではないか？

とはいえ、ランシエールの『無知な教師』が投錨するのは、すくなくともその出発点において、きわめて限定された歴史的な局面であることに留意すべきだろう。ジャコトが生きたのは、フランス革命の余燼のなかで、新たな支配の装置として「社会」なるものがつくりだされつつあった時代である。ランシエールが焦点をあてるのは、そうした「社会」の成立にたいする叛乱における知性のはたらきであり、それは諸言語のなかに痕跡をたどる「翻訳」の実践と重なりあう。

理解するとは翻訳すること以外の何物でもない。つまりあるテクストの等価物を与えることであって、そのテクストの根拠を与えることではない。書かれた頁の背後には何もない。もう一つの異なる知性、説明家の知性の仕事を必要とする二重の底もなければ、教師の言語、すなわちその単語や文章がテクストの単語や文章について根拠を述べる権能を持つような、言語についての言語もない。フランドルの学生たちがその証拠だ。彼らは『テレマック』について語るのに、『テレマック』に出てくる単語しか手中になかった。ということは、フェヌロンの文章を理解したりそれについて理解したことを述べたりするには、フェヌロンの文章でこと足りるということだ。学ぶことと理解することは、同一の翻訳行為を表す二通りの方法なのである。テクストに先立つものとしては、自分を表現しようとする意志、すなわち翻訳しようとする意志以外には何もない。

知性とはなにより読むことである。その対象は文字である必要もない。ジャコトの生徒のひとりである文字を知らない錠前屋は「O」を「円」とよび、「L」を「直角三角定規」とよぶだろう。この「理解」もまた「等価物を与える」かぎりにおいて、知性のはたらきである「翻訳」にほかならない。われわれは文字なしに生きることはできるが、痕跡を読みとり解釈することなしに生きることはできない。この痕跡にたいする解釈＝「翻訳」のいとなみこそ、われわれの生にねざした知性のはたらきである。そこには生の実践以外には、なんらの「根拠」もないだろう。だから別の場所に「根拠」をもとめる「教師の言語」には支配の意志がひそんでいるのであり、痕跡のなかで「自分を表現しようとする意志、すなわち翻訳しようとする意志」によってそれをしりぞけなければならない。

ジャコトの生きた状況のなかで、こうした「翻訳」にもとづく学習論が代議制の拒否に直結していることは容易にみてとれる。革命後、王権という「根拠」にもとづく記号体制の崩壊によって、ふたたび痕跡のひろがりが生きられるようになった。無数の結社やクラブが生まれ、その接近と離散のなかにあらわれる痕跡の解釈がおこなわれる。ひとびとはストライキや街頭行動にうったえるだろう。それは直面する困難にたいして「等価物を与える」ことにほかならない。だが、統治する者たちにとっては不穏な状態である。彼らが語るのは「教師の言語」であり、解釈の連鎖としての生の実践を代議制という「言語についての言語」によって捕獲しようとする。支配者は命ずるだろう。代表者をえらんで「自分を表現しようとする意志」をゆずりわたせ、と。

結局のところ、ジャコトは「不機嫌」になっていった。善意にあふれる者たちが「教育学」をつくりあげ、彼の方法を「社会」に回収しはじめたからである。同時にストライキや街頭行動は弾圧され、代議制が幅をきかせるようになる。だが、痕跡の翻訳としての生の実践は、教育学や代議制による浄化にもかかわらず消えることはない。たとえば、一八四八年の騒乱に生涯忠実だった詩人ボードレールは、そうした騒乱を「悪」とよび言祝ぎつづけたが、彼じしん、ポーの小説のすぐれた翻訳者でもあったことを想いおこしておこう。おそらくボードレールのいうような「悪」の肯定なしには外国語学習のエチカもありえないのだろう。ここでいうエチカとは「教師の言語」にもとづく善悪の区別ではない。われわれじしんが瀆神の「文法」とともに、痕跡の解釈を生きることである。「イングリッシュ・モンスター」のように、異形の怪物性をまとうこともあるだろう。「瞬間英作文」の孤独な実験は「官能」や「メランコリー」をともなうのだろうし、教えない教師は「不機嫌」のなかに沈みこむこともあるだろう。だが、それが善悪の区別を知らない「悪」であるかぎり、われわれは外国語学習のエチカにふれているはずである。

パリ大学の階段で

一九一〇年に小樽に生まれた浜野トキは、津田英学塾で学び英語教員をへてＮＨＫ報道局に勤務する。定年後パリ大学に留学し、一七世紀フランスの劇作家ラシーヌについての研究で博士号を取得する。七六歳だった。彼女は書き上げた博士論文を提出したときのようすをつぎのように語る。

三部を大学の事務所に届けなければならない。この事務所は本館の三階にあるが、古い建物なので、一階から二階、二階から三階に上がるのに大理石の幅広い階段がそれぞれ四十段、合計八十段上がらなければならない。三部七キロ半の論文をタクシーで持っていっても、結局八十段の階段はのぼらなければならない。それなら自宅からひとりで運んでみて、できるかどうか自分の体力に挑戦してみようと思った。私はアパルトマンからメトロ、メトロの乗り換え、そして、大学構内に入って三階まで七キロ半を持って上がっていった。一時間あまりかかった。早すぎたのか事務所の戸は固く閉まっていた。階段を降りてホールで一休みして、しばらくしてまた上がっていった。入口のおじさんが指定した部屋に入ると、アラブの青年がひとり黙々と働いている。この部屋には壁一面の棚に論文がぎっしりつまっている。なんと床にもいたるところに論文が置かれているではないか。こんなにたくさん論文を書く人がいるのだ。整理の仕事はたいへんである。青年は何か一言いっただけで、私の論文を受け取ってくれた。とにかく無事七キロ半を届けることができ、体力に自信がついた。

パリと日本を行き来しながら博士論文は書きつがれた。浜野が逝去したいまとなっては、その委細は著書だけが手がかりだが、彼女の言葉が二・五キロの物質に結晶したことはたしかである。しかも、複写をふくめて合計三部おさめなければならない。華奢な彼女がそれらをかかえて階段をのぼることは不可能だったろう。おそらく七キロ半の紙束を一段ずつ階段にのせてはもちあげて、ゆっくりと事務所にはこびこまれたにちがいない。「体力に自信がついた」という。彼女の言葉は文字どおり身体そのものと重なりあう。

あらためて確認しよう。大学における「文法化」が瀆神のふるまいであるのは、神聖なテクストを世俗化するからだけではない。浜野は階段をゆっくりとのぼらなければならなかった。そこにあらわれているのは、精神的なものが物質性を獲得する呪術的ともいうべきプロセスである。だから外国語学習の欲望が大学から漏出することは、この呪術的な実践をおしひろげることでもある。われわれは孤独のなかで怪物性を獲得するだろう。カリプソ、カリプソと『テレマックの冒険』の冒頭を唱えつづける。それは無数の痕跡をとりあつめ、世界そのものを予測不可能なものにすることである。浜野がそうだったように、あるいはジャコトがそうだったように、われわれはコミュニケーションをもとめているのでもなければ、自己を芸術作品としてねりあげているのでもない。むしろ逆に、われわれは不機嫌におそわれ、ボードレールのように官能とメランコリーにふけることもあるのだろう。だが、この痕跡に沈潜した「悪」の世界以外で生きることのほかに、いったいどのような外国語学習のエチカが可能だというのか？　われわれは読むことができる。痕跡をとりあつめて意味をつくりだすことができる。この絶対的な自由は身体と同様に譲渡しえないものであり、われわれはその端的な真実にふれるために外国語を学習しつづけるのである。

われわれの大学はストライキとともに

称号、資格、人生上また職業上のチャンス、といったものの獲得が許されている機関が学問の場と呼ばれると、ろくなことにはならない。——ヴァルター・ベンヤミン

「我々は家畜でもなく奴隷でもない」――二〇一三年六月、首都圏大学非常勤講師組合早稲田ユニオン分会は、早稲田大学にたいする刑事告訴状の冒頭にこう記した。問われていたのは、労働契約法の改正に乗じて非常勤講師を五年で使い捨てにする専横である。不起訴になったとはいえ、告訴にまでいたったことで、同断の強権をふるおうとしていた大学はいまのところ息をひそめている。

早稲田大学での労使交渉では、非常勤講師の使い捨てのみならず、英会話の授業の偽装請負疑惑ももちあがった。このことからもわかるように、露見したのは大学のいわゆるブラック企業へのにべもない傾斜である。じっさい、あさひ銀行副頭取やＡＩＧスター生命保険顧問を歴任した早稲田大学常任理事の小林栄一郎は、大学の子会社に授業を「アウトソーシング」するという、偽装請負の嫌疑がかけられた手法を得意げに語っていた。外注された授業は必修科目であるにもかかわらず、授業料とは別に学生から料金が徴収される。大学は資本を蓄積するための装置となったかのようである。

おなじことは、二〇〇四年の旧国公立大学の独立行政法人化についてもいえる。結局のところ独立行政法人化とは、旧国公立大学への理事会の導入と高額な授業料の設定ということにつきる。

いまのところ多くの理事会は早稲田のような金融資本のエージェントではなく、もっぱら文部科学省の役人たちをうけいれている。だが、理事会と授業料をつうじて、大学が国家と経済のロジックに拘束されることにはかわりはない。全学連（全日本学生自治会総連合）初代委員長だった武井昭夫はその晩年に、こうした大学の独立行政法人化の淵源が一九四八年の大学管理理事会法案にあることを示唆しつつ、当時の状況をつぎのようにふりかえっている。

年が明けると新しく手直しした大学法案が出され、われわれは四九年度いっぱい、「教育防衛」のスローガンを掲げ、大学法、私学法反対、弾圧反対の闘いをくりひろげた。この年の二月第一回臨時全国大会を駿河台の中央大学講堂で開催、この決議にもとづき、前年春につづき第二回目となる五・二四ゼネストを決行した。参加校は六・二六ストの一一六校を上回る一三九校に広がった。この運動では各地で教授たちとの共同行動がおこなわれ、大阪では阪大の今村荒男総長以下数多くの教授たちが、また明大では坂田昌一先生らがデモの先頭に立って行進した。この勢いに押され、二十四日に政府は大学法の国会上程を中止したのだった。

一九四八年一月、文部省は国公立大学の授業料値上げの意向をしめした。また同年三月に大学管理理事会法が発表される。理事会の設置による大学の「社会化」が目的である。これにたいして、授業料不払いやストライキが散発し、六月二六日には、全国官公立大学自治会連盟の決議のもとで三〇万人規模の大学ゼネストが起きる。授業料の値上げは阻止できなかったものの、育英資金の充実や鉄道運賃の学生五割引が実現し、大学管理理事会法案はしりぞけられる。武井が語っているのは、全学連がこうしたストライキのなかで結成された経緯である。その全学連のもとで、翌四九年の五月二四日にふたたび大学ゼネストが決行され、理事会の導入を執拗にもくろむ「新しく手直しした大学法案」も撤回される。

今日、全学連は一九六〇年の安保闘争とともに想起される。だが、そのはじまりは理事会と授業料をめぐる闘争だったことを銘記しておこう。そして、ストライキにおいて、国家（＝理事会）や経済（＝授業料）のロジックに拘束されない、大学固有の境位とよぶべきものが出現することにも注意しよう。武井じしんのよく知られた「層としての学生運動」という認識も、そうしたストライキとともにあらわれる大学なしにはありえなかったのではないだろうか？　安保闘争のさいに全学連の書記長だった島成郎《しげお》には、妻の島博子によれば「フランスのような社会にしたいというふんわりしたイメージがあった」という。この「ふんわりしたイメージ」とはどこからくるのだろうか？　それは大学ストライキによって出来する特異な経験――全学連の起源の場所でもある――にねざしていたのではないか？　二〇〇九年、フランスの大学は長期にわたるゼネストによってサルコジ政権の介入をはばんだ。「Free Educaiton（教育の無償）」のスローガンのもとで、いまも世界各地で同様の出来事は頻発している。それらをかつてのわれわれの大学ゼネストとともによびおこすのは、たんなる時代や空間の錯誤にすぎないのだろうか？　いったい学生や教員たちは、近く遠い時空のへだたりのなかで、どのような大学のイメージとともにストライキを生きたのだろうか？　いずれにせよ、われわれの問いはあきらかである。国家や経済のくびきのもとで、大学が見失われているのならば、なにより大学という営為の固有性があらためて問われなければならないだろうし、そのうえで、大学とストライキの歴史的でありながらも理論的でもある径路も切りひらかれるはずである。

われなにごともなさず

アレゼール（ARESER：高等教育と研究の現在を考える会）は一九九二年に発足した。発起人に社会学者ピエール・ブルデューの名があることからもわかるように、九〇年代の世界の金融化にたいする対抗のなかで、大学のあり方をとらえかえすことがその出発点だった。だからアレゼールの考える大学は、けっしてそれをとりまく社会と順接されるべきものではない。とりわけ学生にとっては、大学とはなにより「恋愛や、政治や、芸術における多様な経験を可能にするかけがえのない場」であるという。

アレゼールのこうした見解は、学生や教員の経験に由来するだけでなく、その中心メンバーでもある歴史学者クリストフ・シャルルらの大学史の研究にも裏打ちされたものでもある。よく知られているように、大学は一二世紀のパリやボローニャで誕生する。このことが意味するのは、大学と学校は区別されなければならないということだろう。学校は古代からあった。学校は社会にとっての有用な技能や知識の獲得をめざす。古代ギリシアのアカデメイアも学校である。プラトンにとってよく生きることは、ポリスという社会のために生きることだった。

そうした「学校」とはちがって、ヨーロッパの中世に誕生した大学は、周囲の社会とつねに良好な関係にあったわけではない。教会付属の学校はもちろん、社会にとって有用な法学や医学の教育機関もすでに存在していた。だが、そうした学校では教えられることのないイスラム圏からの知の流入を契機として、パリやボローニャにヨーロッパの各地からひとびとがあつまってくる。彼らの共通語はラテン語だが、やがて出身地ごとに生活をいとなむようになる。それは「ネーション（同郷団）」とよばれ、もろもろの「ネーション」の組合的な連合が大学をかたちづくることになる。

諸「ネーション」が組合＝大学を形成したのは、教会や都市にみずからの存在の特異なあり方をみとめさせるためである。大学の諸学は、かならずしも教会の教えと一致するものではなかったし、多くの都市住民にとって「ネーション」はよそ者の集団にすぎなかった。じっさい、暴力沙汰をふくむ衝突がくりかされる。そうした緊張のさいしょの劇的なあらわれが、一二二九年のパリ大学の「大解散」＝ストライキだった。きっかけは酒屋を襲った学生にたいするパリ市当局の処罰である。これにたいして大学は授業の停止をもって応じ、教師も学生もパリ市からでていってしまう。彼らは大学の「大憲章《マグナ・カルタ》」といわれる「パリ大学にたいするグレゴリウス九世の大勅書」を獲得するまで、二年間パリにもどることはなかった。勅書は大学のストライキ権をみとめるとともに、市当局の大学にたいする干渉を制限するだけでなく、家賃をふくめ学生の生活にも配慮したものだった。

もともと中世の大学には固有の物理的な施設はない。それは「ひとびとによって作られている」無形の共同性でしかない。だから紛争のさいには移動や逃散にうったえることは常套だった。一二二九年のパリ大学の「大解散」もそうした対抗手段の延長上にあるのだろう。だが、あらためて銘記すべきは、大学は諸「ネーション」の組合として発生しただけではなく、長期にわたるストライキとともに、その実質的なはじまりをしるしたことである。以後、教授資格の付与は大学固有の権利とみなされ、学生たちの生活は一定の治外法権のもとにおかれる。大学は中世の教会と都市の体制にストライキによってうがたれた、異郷の欲望が滞留する空孔だったのであり、つぎのような中世の学生の詩句が現在にいたるまでたびたび引用されるのも偶然ではないだろう。

ときは去りぬ、
されどわれはなにごともなさざりき。

ときはふたたび来たる、
されどわれはなにごともなさず。

中世の学生の放埒ぶりは、しばしばひきあいにだされる。彼らは親や故郷の有力者に殊勝な手紙を書いて金銭を無心するものの、仕送りがとどくや仲間のつどう酒場へとむかう。帰依しているのはバッカスとヴィーナスである。市民とのいざこざはたえず、教会にたいしても冒瀆的な言辞を弄することをためらわない。彼らののぞみは、大学で学業をおさめることである以上に、い、つ、ま、で、も、学生でありつづけることである。だから大学から大学へあてもなくわたりあるく者もあらわれる。こうした放浪学生たちは「ゴリアール」とよばれ、みずからの無為を讃える数々の「歌」を残した。

右の引用もそうした「歌」のひとつだが、中世の大学じたい、ストライキをつうじてその自律性をたかめていったとすれば、いわば不断のストライキを生きていたゴリアールたちの存在はかならずしも周縁的なものではなかったはずである。じっさい中世哲学史家のアラン・ド・リベラは、物静かな学生たちのうちにも、ゴリアールのように体制に「囚われない生」が涵養されていたという。そこからダンテやエックハルトのような「哲学的ゴリアール」もでてきたのであり、さらに無数の名もないゴリアールたちの生の経験と実験が中世をルネサンスへとひらいていく。アレゼールが現代の学生についていっように、そこには固有の「恋愛や、政治や、芸術」があったのだろうし、体制のためになにごともなさない「歌」の堆積こそがなにごとかをまねきよせたのである。

大学のアフォーマティヴ

ベルリンの自由学生連合の議長だったベンヤミンもまた、大学の根源的な自律性を語っていた。やがてパリを遊歩することになる彼のような存在こそ、ゴリアール的な「囚われない生」を反復する経験の範例といえるだろう。じっさい一九世紀のはじめにドイツで大学が再興され、それが近代の大学のモデルとなるが、そのさいに参照されたのは中世の大学だった。だから近代の大学では、国家や経済の拘束をまぬがれるために、実学である法学や医学は、いわばなにもなさない人文学的な教養に基礎づけられる。当時の教養の中核をなしていた人文学が文献学的であったのは、そこにゴリアールたちが滞留したような諸「ネーション」の錯綜が見出されていたからであり、この文献学的な「ネーション」の教養の腐植土なしには、おそらくブルクハルトのルネサンス研究やニーチェの哲学もありえなかったはずである。

他方、大学の故郷のひとつであるフランスでは、中世の大学像を内包した近代の大学のはじまりは、パリ・コミューン後の一九世紀末までまたなければならなかった。そしてフランス文学者の岡山茂も『ハムレットの大学』で強調するように、同時期におきたドレフュス事件は、そうしたフランスにおける大学と社会との中世的な衝突の再開でもあるだろう。ユダヤ系であるドレフュスの冤罪を看過することは、近代の国民国家のもとでは正当化されうる「正義」だった。だが、ドレフュス事件の真実を追究する「知識人」が大学からあらわれ、そうした「正義」との敵対が深められていく。ドレフュスの有罪によって成り立つような社会は、犠牲という交換の論理にねざしているが、それにたいして「知識人」たちが生きていたのは、犠牲も交換もゆるさない異郷の諸「ネーション」の編成であるような大学固有の経験だった。

「知識人」という語そのものは、ロシア語の「インテリゲンチャ」の訳語である。一九世紀のロシアでは、大学は完全に社会から切り離されていた。大学だけでフランスから移入された革命思想が語られていたが、いったん大学からでると皇帝による支配がゆきわたっていた。この極度の落差のなかで「インテリゲンチャ」が誕生する。彼らは皇帝の正義にはかならずしもなじめず、一部は人民のなかに潜行して革命をめざす。ドレフュス事件の「知識人」たちの活動とのいわばゴリアール的な類縁はあきらかだろう。しかもフランスにおける「知識人」たちの出現は、アナルコ＝サンディカリズムの隆盛と軌を一にしていた。中世の教員や学生の組合＝大学がストライキをつうじて自律性を獲得したように、アナルコ＝サンディカリズムのゼネストとともに、国家や経済に支配されないあたらしい労働者の共同性が出現しようとしていたのである。

こうした歴史的な文脈のなかで、自由学生連合の議長だったベンヤミンは大学と学校を区別しつつ、学校には「芸術を必要とする生に対する敵意」があり、それにたいして大学は中世にさかのぼるその「根源」において、「職業を締め出してしまうことさえできる」という。その彼がのちの「暴力批判論」では、アナルコ＝サンディカリストのソレルのゼネスト論に関心をよせる。大学の「根源」とゼネストの「暴力」は、じつのところたがいにつうじあっている。賭けられているのは、労働問題の領域に大学における生の経験と実験を導入することである。労働者の生もまた「芸術を必要とする」のであり、だからこそ「職業を締め出してしまう」ゼネストが国家や経済にたいする「神的暴力」となるのである。

げんに「暴力批判論」冒頭では、一連の概念的な対立（暴力／法および正義、目的／手段、自然法／実定法……）がしめされるが、それらの対立の「外」を思考するベンヤミンじしんの「歴史哲学」の起点となる範例が見出されるのは「教育の領域」にほかならない。その「教育の領域」では「自然目的」が「野放し」にされ、「処罰権」をめぐって法の秩序との衝突があるという。中世の大学が学生の「処罰権」を都市からうばいとることで、学生を保護しつつ固有の自律性を編成していったことを想いおこしておこう。そして議論そのものは、主題であるストライキの考察へとすすんでいくが、論考の末尾ちかくで、ゼネストの「神的暴力」の世俗的な「存在の証明」として、ふたたび「完成されたかたちでの教育者の暴力」が語られる。この「暴力」＝ゼネストの「根源」に、パリ大学の「大解散」の影をみてとるのは容易だろう。

もちろん、ベンヤミンの「暴力批判論」の射程は大学論だけにとどまるものではない。たとえば哲学者ヴェルナー・ハーマッハーは、「暴力批判論」の読解をつうじて、言語行為論の「パフォーマティヴ（行為遂行的）／コンスタティヴ（事実確認的）」という枠組みをこえる「アフォーマティヴ（遂行中断的）」という概念をねりあげている。

ベンヤミンの政治理論においては純粋な手段が語られるが、それは措定するのではなく、退位させるものである。生産するのではなく、生産を中断するものである。そして革命という主題にかかわるだけでなく、それ自体の効果によって古典的な政治理論を反転させる。すなわち、もはや政治は、社会生活の生産や国家の「道徳的な組織」の顕揚との関係ではなく、生産や自己生産の命令をくつがえすものとの関係で定義される。政治を履行させる諸制度を回避し、社会的な自己生産の範例を、つまり法を、法措定的かつ法維持的な言語行為を宙吊りにする。ベンヤミンは政治的なものの領域を労働の停止という観点から定義しつつ、言語的な行動として特徴づけることをはっきりとこばむ。その結果、彼の政治理論は、超越的な言語行為論が社会的・政治的な生について語るさいに陥るような錯誤——生産の範例が行為遂行性の範例のなかでよみがえることが可能となるとみなす錯誤を回避する。ベンヤミンが政治的なものの中心にすえる言語の純粋な媒介は、生産のいかなる遂行的な行為や力とも無関係であり、ただそうした行為や力の中断のなかでたちあらわれる。それがアフォーマティヴであるということである。

ハーマッハーのいう「純粋な手段」とはベンヤミンじしんの言葉であり、「革命的ゼネスト」をさす。それはソレルの用語にしたがって「プロレタリア・ゼネスト」ともいいかえられているが、なんらかの条件の改善という目的をもった「政治ゼネスト」や「大多数の部分ストライキ」とは峻別される。後者のようなストライキが改善の成果として法の措定や維持へと収束するのにたいして、「革命的ゼネスト」ないし「プロレタリア・ゼネスト」は目的をもたないという意味で「純粋な手段」とみなされる。そしてそれは法の措定や維持に無関心なだけでなく、法そのものの廃棄をめざす。

こうしたゼネストという「純粋な手段」の「神的暴力」は、ベンヤミンにとっては、警察の血にぬられた「神話的暴力」を直接の標的とするものだが、ハーマッハーは現代の言語行為論をふまえることで、より一般的に「古典的な政治理論」そのものをくつがえそうとする。法を措定することがコンスタティヴな言語行為であるならば、その維持はパフォーマティヴなふるまいである。それらの循環のなかで、法の支配にもとづく「道徳的な組織」が生産・再生産される。「古典的な政治理論」は言語行為論的な法の支配にもとづいている。それにたいしてゼネストの「神的暴力」は、そうした「超越的な言語行為論」を「中断」させる。この「中断」は「生産の範例」のみならず、「行為遂行性の範例」にもおよぶ。そのかぎりにおいて、目的を欠いた「純粋な手段」としての「言語の純粋な媒介」をもたらす「中断」であり、ベンヤミンの独創とは、そうした参照項をもたない言語そのものの境位を「政治的なもの」のただなかに投入したことである。「神的暴力」という「中断」は法に奉仕する言語行為論を「退位」させる「アフォーマティヴ（遂行中断的）なふるまい」とよぶべきものである。

われわれとしては、こうしたハーマッハーの「アフォーマティヴ」論を、彼も知悉しているはずのデリダの「条件なき大学」をめぐる議論とつきあわせることもできるだろう。デリダもまた中世の大学の歴史を喚起しつつ、「条件なき大学」という概念をつうじて言語行為論のパフォーマティヴ／コンスタティヴという閉じられた循環を脱構築していた。そしてその「条件なき大学」の中核に見出されるのは、「文学の虚構」という「純粋な手段」＝「言語の純粋な媒介」である。だが注意すべきは、そうした虚構のパフォーマティヴな表現性によって、現実を参照するコンスタティヴなふるまいが無化されるのではないということである。「条件なき大学」とは、その虚構の現実性の導入によって、言語行為論的な循環の中断とともに立ちあらわれるのであり、そのかぎりでパフォーマティヴでもコンスタティヴでもないアフォーマティヴなものである。それは経済のパフォーマティヴな条件にも、国家のコンスタティヴな条件にも捕獲されない。しかもハーマッハーによれば、「アフォーマティヴ（afformative）」なものは、たんに「form」＝形づくることの「a」＝欠如であるのではない。「aff」という綴りは、志向性をあらわす接頭辞「ad」をも含意し、なんらかの形の発生へとむかうことをも意味するという。それゆえアフォーマティヴな大学とは、「神的暴力」のゼネストと同様に、いっさいの条件を欠く「文学の虚構」のなかにありつつもあたらしい世界のはじまりを触知させるのである。

大学という「神的暴力」

ベンヤミンは「完成されたかたちでの教育者」の「神的暴力」としてのストライキについてつぎのようにいう。

この神的暴力は、宗教的な伝承によってのみ存在を証明されるわけではない。むしろ現代生活のなかにも、少なくともある種の神聖な宣言のかたちで、それは見出される。完成されたかたちでの教育者の暴力として、法の枠外にあるものは、それの現象形態のひとつである。したがってその形態は、神自身が直接にそれを奇蹟として行使することによってではなく、血の匂いのない、衝撃的な、罪を取り去る暴力の執行、という諸要因によって――究極的には、あらゆる法措定の不在によって――定義される。この限りで、この暴力をも破壊的と呼ぶことは正当だが、しかしそれは相対的にのみ、財貨・法・生活などにかんしてのみ、破壊的なのであって、絶対的には、生けるものの魂にかんしては、けっして破壊的ではない。

現在のわれわれにとって、大学をめぐる唯一の現実的な問題は授業料である。大学の授業料は無償でなければならない。それが特殊なことでないのは、国際人権規約（「経済的、社会的及び文化的権利に関する国際規約」）第一三条二項（c）に記されているとおりである。二〇一二年九月一一日には、日本政府も同条項の部分的な留保を撤回した。下村文科大臣（当時）じしん、大学の授業料を無償化することの経済的かつ社会的なメリットを説き、内田樹などの論客もその政治的な意義にふれる。しかも、私立大学もふくめて、それは即座に実行可能である。日本学生支援機構が奨学金とは名ばかりのローンによって学生を借金漬けにすることをやめて、授業料相当の返還義務のない奨学金を無条件に給付すればいいだけである。にもかかわらず、あたかも大学にとってほかに優先すべき問題があるかのようにふるまうのは、ごくふつうの意味での神経的な症候にすぎない。そうした状況からぬけだすためにも、ベンヤミンのいう「完成されたかたちでの教育者の暴力」が必要とされるだろう。大学の運営にまとわりつく「財貨・法・生活」への強迫を「破壊」するために、ストライキという「血の匂いのない、衝撃的な、罪を取り去る」「神的暴力」の行使をつうじて大学はみずからの無償性に立ち返らなければならない。

しかも、大学への欲望は上昇しつづけている。一九七〇年ごろには先進国でも一割前後だった進学率は、現在では五割をこえる諸国もけっしてめずらしくない。普通選挙の投票率が五割を割りはじめていることを考えあわせるならば、二一世紀になってひとびとは民主主義よりも大学を選好しつつあるかのようである。もちろん、こうした大学への欲望の高まりの背景には、いわゆる「知識基盤社会」への移行があるともいえるだろう。もはやひとびとを都市に囲いこんで物理的な労働をしいることで、富が産みだされるのではない。金融にかかわる情報の操作が富の産出の中心であり、都市は世界的な金融網の中継点にすぎない。それゆえ生きのびるために「知識」

の獲得がもとめられているのだろうが、社会学者の村澤真保呂は、そうした事態を都市の「脳化」とよび、そこに住む「身体」であるわれわれはじっさいには見捨てられているという。七〇年代以後の福祉国家の後退は、こうした都市の「脳化」による「身体」の切り捨ての端的な証左であるだろうし、哲学者の小泉義之がいうように、福祉国家が「神経症的な福祉領土化」だったとすれば、失われつつある神経症的な体制への執着は狂気を帯びざるをえないだろう。とりわけ原発事故後、事態はいっそう明瞭である。国家や経済のねざす都市＝「脳」は「身体」を欠くゆえに無傷であり、われわれの「身体」の被曝にはさして関心がはらわれなかったのだから。

したがって、われわれの大学への欲望の亢進は、都市の「脳化」にたいする従順な適応である以上に、国家や経済の神経症体制への執着を断ち切る意思として解釈すべきだろう。ハーマッハーの引用を読み返してほしい。経済の水平でパフォーマティヴな交換は、国家の垂直でコンスタティヴな交換と重ねあわされる。この言語行為論的な体制――それはわれわれを「遂行」と「確認」のくりかえしに封じこめる神経症的な体制でもあるだろう――の幻影を破壊するのが大学というアフォーマティヴなストライキにほかならない。国家と経済が偽装する神経症的な支配は、中世のゴリアールたちの「囚われのない生」（ベンヤミンの「破壊的な性格」も読み返すべきだろうか?）をよびおこすことで終止符が打たれるだろう。蜂起と自律性の相克という、きわめて今日的な争点も問題にならない。大学の自律性は、アフォーマティヴなストライキという蜂起の反復において出現するのだから。大学はみずからの本性としての自然に立ち返るだけではない。ストライキによる無償化の実現は、国家と経済の神経症的な体制から「生ける者の魂」をよびさますことである。われわれの大学はストライキとともにはじまる。見出されるのは、国家や経済によって神経症化されていない大学という「神的暴力」の無償性である。この「神的暴力」には、交換も犠牲も意味をなさない。大学の「われなにもなさず」という欲望の「根源」は、ふたたびなにごとかの開始をつげるのである。

BOOK BLOC SHIELD

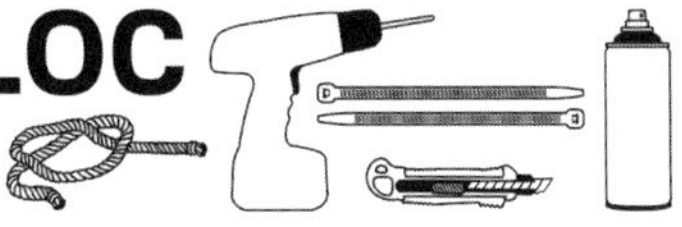

1

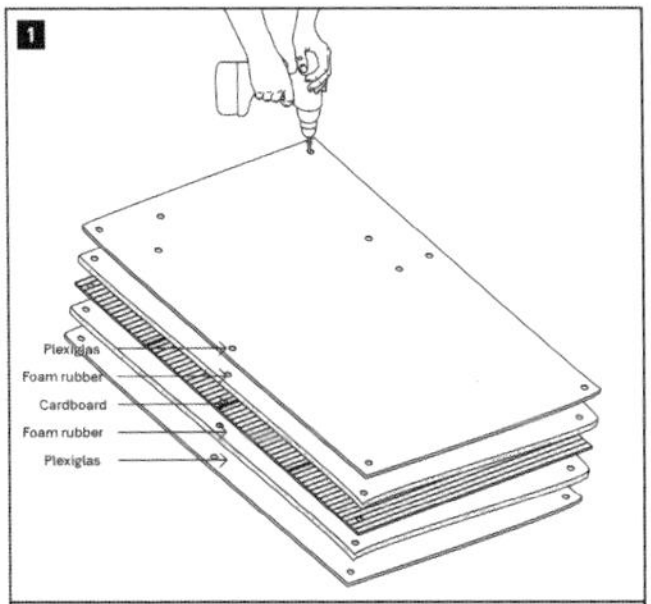

Layer the five sheets of material as shown above. Drill three holes on each long side of the block and two holes for each of the rope handles.

2

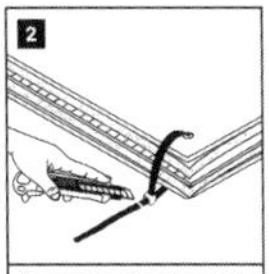

Secure the side holes tightly with cable ties. Cut off the ends that are sticking out.

3

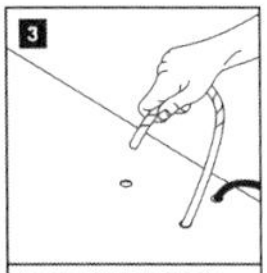

Insert a single length of rope into the holes to form the arm handles.

4

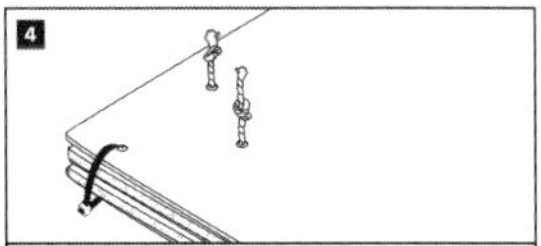

Place your arm in the rope handles to make sure it fits well, then tie the ends of the rope from the front.

5

Cut off the ends of the rope from the front.
Think carefully about which book will represent you.
Use paint or spray paint to draw the cover artwork.

6

Hold your ground! Place your arms in the rope handles and use the shield to non-violently push back against police containment lines. Practice using the shields in group formations for display and protection. Remember you are turning the media's 'story of the battle' into a battle over the story.

Disobedient Objects

おり，つぎのような 7 項目に要約できる．（1）会計上の「厳格さ」をもとめる，（2）自律的な経営をゆるすことで自発的なリストラを誘導する，（3）非正規の教職員をふやす，（4）一クラスの学生数をふやす，（5）教員・研究者にこなしきれないほどの書類を作成させる，（6）就職にむけた教育をする，（7）人文学や社会科学の財政への寄与を過小に評価する．詳細については岡山，前掲書，pp. 165-168 を参照．われわれとしては，これらの「改革」に第二外国語の削減もつけくわえたい．第二外国語を学ぶことは，幼年期を生きなおすことである．国家や経済が家庭での言語の習得をつうじたエディプス化された主体を前提しているとすれば，大学における第二外国語の習得はそうした主体化からぬけだす契機でもある．「改革」が例外なく第二外国語を標的にするのは，大学で幼年期を生きなおすことで，エディプス化されていないあたらしい欲望が生成するのを阻止したいからだろう．

p. 235 **社会学者の村澤真保呂は…じっさいには見捨てられているという**　村澤真保呂『都市を終わらせる　「人新世」時代の精神，社会，自然』ナカニシヤ出版，2021 年．

p. 235 **哲学者の小泉義之がいうように…狂気を帯びざるをえないだろう**　小泉義之『ドゥルーズと狂気』河出書房新社，2014 年，とりわけ p. 227 sq.

p. 235 **したがって，われわれの大学への欲望の亢進は…解釈すべきだろう**　台湾の学生たちによる 2014 年 3 月の立法院と行政院の占拠は，そのあきらかな兆候だろう．彼らは「サービス貿易協定」という「経済」をしりぞけようとしただけではない．議会と国家の廃絶をもめざしていた．以下を参照．全国ロックアウト労働者戦線「われわれには夢想が必要である　国会，行政院への占拠行動の後で（2014 年台湾「反サービス貿易」運動参加者への手紙）」丸川哲史訳，『情況』2014 年 5・6 月合併号，pp. 48-54.

p. 236 **蜂起と自律性の相克という，きわめて今日的な争点も問題にならない**　Eric Hazan & Kamo, *Premières mesures révolutionnaires*, La fablique, 2013.

p. 227 **自由学生連合の議長だったベンヤミンは…「職業を締め出してしまうことさえできる」という**　ヴァルター・ベンヤミン「学生の生活」，前掲書，pp. 69, 79.

p. 228 **げんに「暴力批判論」冒頭では…「教育の領域」にほかならない**　ベンヤミン『暴力批判論 他十篇』野村修編訳，岩波文庫，1994 年，p. 34.

p. 228 **そして議論そのものは…ふたたび「完成されたかたちでの教育者の暴力」が語られる**　同上，p. 60.

p. 229 **ベンヤミンの政治理論においては…それがアフォーマティヴであるということである**　Werner Harmacher, "AFFORMATIVE, STRIKE", translated by Dana Hollander, *Cardozo Law Review*, Vol. 13, No. 4, December 1991, pp. 1154-1155. リュック・ボルタンスキーとエヴ・シャペロはその『資本主義の新たな精神』（上・下，三浦直希・海老塚明・川野英二・白鳥義彦・須田文明・立見淳哉訳，ナカニシヤ出版，2013 年）で，平等をもとめる労働運動が自由をもとめる「芸術家」運動にとってかわり，後者が資本主義に回収されていったという．労働運動がコンスタティヴであり，「芸術家」運動がパフォーマティヴであるとすれば，「アフォーマティヴ」なベンヤミンの議論は，後述するように，そうした資本の「新たな精神」の言語行為論的な体制そのものを破棄する射程をもつといえるだろう．

p. 231 **こうしたハーマッハーの「アフォーマティヴ」論を…デリダの「条件なき大学」をめぐる議論とつきあわせることもできるだろう**　ジャック・デリダ『条件なき大学』西山雄二訳，月曜社，2008 年.

p. 232 **「aff」という綴りは…なんらかの形の発生へとむかうことをも意味するという**　Harmacher, *op. cit.*, p. 1139.

pp. 232-233 **この神的暴力は…生けるものの魂にかんしては，けっして破壊的ではない**　ベンヤミン，前掲書，p. 60. 一部訳語を変更した.

p. 233 **下村文科大臣（当時）じしん…内田樹などの論客もその政治的な意義にふれる**　下村博文『9 歳で突然父を亡くし新聞配達少年から文科大臣に　教育を変える挑戦』海竜社，2014 年. 内田樹などの発言については，「全国学費奨学金問題対策委員会」のブログを参照.

p. 234 **にもかかわらず，あたかも大学にとってほかに優先すべき問題があるかのようにふるまうのは，ごくふつうの意味での神経的な症候にすぎない**　大学を抑圧して神経症的なふるまいをつくりだす「改革」は世界共通の様相を呈して

p. 221 **大学とはなにより「恋愛や，政治や，芸術における多様な経験を可能にするかけがえのない場」である**　岡山茂『ハムレットの大学』新評論，2014 年，pp. 137-138．この重要な大学論については，大野英士氏の書評（『週刊読書人』2014 年 8 月 22 日号）および本書をめぐる岡山氏と筆者の対談（『図書新聞』2014 年 8 月 30 日号。岡山氏との共著近刊に収録予定）を参照．

p. 221 **アレゼールのこうした見解は…歴史学者クリストフ・シャルルらの大学史の研究にも裏打ちされたものでもある**　とりわけ以下を参照．クリストフ・シャルル，ジャック・ヴェルジェ『大学の歴史』岡山茂・谷口清彦訳，文庫クセジュ，白水社，2009 年．

p. 222 **そうした緊張のさいしょの劇的なあらわれが，1229 年のパリ大学の「大解散」＝ストライキだった**　C・H・ハスキンズ『大学の起源』青木靖三・三浦常司訳，八坂書房，2009 年，p. 170 sq.

pp. 223-224 **ときは去りぬ…されどわれはなにごともなさず**　同上，p. 112．同書以外にも，たとえば周到かつ野心的な中世大学論であるアラン・ド・リベラの『中世知識人の肖像』（阿部一智・永野潤訳，新評論，1994 年）でもおなじ詩句がひかれている．

p. 224 **こうした放浪学生たちは「ゴリアール」とよばれ，みずからの無為を讃える数々の「歌」を残した**　『中世ラテン俗謡集　放浪学僧の歌』瀬谷幸男訳，南雲堂フェニックス，2009 年．

pp. 224-225 **じっさい中世哲学史家のアラン・ド・リベラは…「囚われない生」が涵養されていたという**　ド・リベラ，前掲書，p. 407.

p. 226 **岡山茂も『ハムレットの大学』で強調するように…衝突の再開でもあるだろう**　岡山，前掲書．

p. 226 **「知識人」という語そのものは，ロシア語の「インテリゲンチャ」の訳語である**　Christophe Charle, *Les Intellectuels en Europe au XIXe siècle*, Éditions du Seuil, 1996, nouvelle éd., 2001. 同書によれば，事件当時パリにいた小説家チェホフがロシア語の「インテリゲンチャ」を「intellectuel」というフランス語に訳して導入したという．また黒川創『暗殺者たち』（新潮社，2013 年）によれば，創設まもない東京外国語学校（現東京外国語大学）では，ロシアから逃れてきたナロードニキの「インテリゲンチャ」が教鞭をとったという．二葉亭四迷もその薫陶をうけたひとりである．現代日本語の文章語の直接の起源が彼のツルゲーネフの翻訳にあるとすれば，われわれの言語活動そのものが大学の産み出した「知識人」の漏出にねざしているともいえるはずである．

p. 210 **1848年の騒乱に生涯忠実だった詩人ボードレールは…ポーの小説のすぐれた翻訳者でもあった**　阿部良雄『シャルル・ボードレール　現代性［モデルニテ］の成立』河出書房新社，1995 年．とりわけ第 7 章「自殺の政治学」（pp. 185-210）参照．

pp. 211-212 **3部を大学の事務所に届けなければならない…体力に自信がついた**　浜野トキ『定年からのフランス留学』日本放送出版協会，1991 年，pp. 54-55.

われわれの大学はストライキとともに

p. 216 **称号，資格…ろくなことにはならない**　ヴァルター・ベンヤミン「学生の生活」，『ベンヤミン・コレクション 5 思考のスタイル』浅井健二郎編訳，ちくま学芸文庫，2010 年，p. 70.

p. 217 **「我々は家畜でもなく奴隷でもない」**　2013 年の早稲田大学における労使交渉の経緯については以下を参照．林克明『ブラック大学早稲田』同時代社，2014 年．また現状の詳細については「早稲田ユニオン分会」のブログで知ることができる．

p. 217 **早稲田大学常任理事の小林栄一郎は…得意げに語っていた**　林，前掲書，p. 127.

p. 218 **年が明けると…中止したのだった**　武井昭夫『層としての学生運動　全学連創成期の思想と行動』スペース伽耶，2005 年，p. 69．1948 年と 49 年の大学ゼネストについては，同書 p. 463 以下の山中明編「日本学生運動史年表（敗戦から 60 年安保まで）」および田中智子「戦後復興期における東京大学・京都大学の学生自治会　学園復興，学生生活支援，および労働者との共闘を中心に」（*Proceedings*, Vol. 12, 2010 年 7 月，pp. 65-72）を参照．旧制第一高校に在籍していた田中仁彦氏（1930 年生，『デカルトの旅／デカルトの夢『方法序説』を読む』岩波現代文庫，2014 年ほか）に当時の状況をうかがったところ，「ああ，やった，やった」とのこと．後述する中世の大学のありようをさいしょに知ったのは田中氏の講義でだった．路上で授業をうけていた中世の学生たちが去ったあとには，彼らの敷いていた筵の藁が風に舞っていた，等々．路上に座るという学生のハビトゥスは，現在のパリでもみうけられる．

pp. 219-220 **全学連の書記長だった島成郎には…「フランスのような社会にしたいというふんわりしたイメージがあった」**　伴野準一『全学連と全共闘』平凡社新書，2010 年，pp. 228-229.

し」，河出書房新社編集部編『思想としての 3・11』河出書房新社，2011 年，pp. 198-206.

p. 197 **イタリアの作家集団「無名１号」の美しいテクスト**　無名 1 号（Wu Ming 1）「われわれは皆，1917 年 2 月である」，九州帝國ブログ板（blog.livedoor.jp/hesalkun/）2011 年 9 月 29 日.

外国語学習のエチカ

p. 199 **大学がこれほどの数になり…みずからを見失いかけている**　Stefan Colini, *What are Universities for?*, Penguin Books, 2012.

p. 199 **ケインズの 1930 年の講演**　ケインズ「わが孫たちの経済的可能性」，『ケインズ全集 第 9 巻 説得論集』宮崎義一訳，東洋経済新報社，1981 年，pp. 387-400.

p. 199 **ベルナール・スティグレールによれば…「文法化」の実践があるという**　Bernard Stiegler, *Etats de Choc: Bêtise et Savoir*, Mille et Une Nuits, 2012.

p. 201 **いわゆる「コントロール社会」の亢進**　ジル・ドゥルーズ「追伸―管理社会について」，『記号と事件　1972-1990 年の対話』宮林寛訳，河出書房新社，2007 年，pp. 356-366.

p. 202 **「イングリッシュ・モンスター」の出現は…解釈できるだろう**　菊池健彦『イングリッシュ・モンスターの最強英語術』集英社，2011 年.

p. 203 **前者（「瞬間英作文」）の提唱者である森沢洋介によれば…さかのぼる**　森沢洋介『どんどん話すための瞬間英作文トレーニング』ベレ出版，2006 年.

p. 204 **彼が通ったという英語学校で…実現することでした**　同書，p. 200.

p. 205 **酒井邦秀の語る「多読」の実践は，教室における集団性の解体という点で破壊的である**　酒井邦秀『快読 100 万語！　ペーパーバックへの道』ちくま学芸文庫，2002 年.

p. 206 **廣瀬純によるランシエールへの批判は…現状の認識からくる**　廣瀬純「知力解放とその頭痛　新自由主義的政治状況における知識人の役割と責務」，『現代思想』2011 年 12 月号，pp. 198-206.

pp. 207-208 **理解するとは翻訳すること以外の何物でもない…意志以外には何もない**　ジャック・ランシエール『無知な教師　知性の解放について』梶田裕・堀容子訳，法政大学出版局，2011 年，pp. 14-15.

2010; *L'Avenir des Humanités: Économie de la connaissance ou cultures de l'interprétation ?*, La Découverte, 2010.

p. 190 **伝統や裏切りや翻訳…移行させるのである** Citton, *L'Avenir des Humanités*, *op. cit.*, p. 91.

p. 190 **シトンの言及する哲学者シモンドンにおいては…個体の結晶が生じるという** ジルベール・シモンドン『個体化の哲学　形相と情報の概念を手がかりに』藤井千佳世監訳，近藤和敬／中村大介／ローラン・ステリン／橘真一／米田翼訳，法政大学出版局，2018 年.

p. 191 **デリダの『条件なき大学』を想いおこそう** ジャック・デリダ『条件なき大学』西山雄二訳，月曜社，2008 年.

p. 192 **そもそもヨーロッパ中世における大学の誕生…神話の読解に固執した** クリストフ・シャルル＋ジャック・ヴェルジェ『大学の歴史』岡山茂・谷口清彦訳，白水社（文庫クセジュ），2009 年.

p. 192 **シェリングによれば，神話は「トテゴリー（tautégorie）」のもとにあるという** ジークバート・ペーツ「神話の哲学」菅原潤訳，H・J・ザントキューラー編『シェリング哲学　入門と研究の手引き』松山壽一監訳，昭和堂，2006 年，pp. 217-240．また「トテゴリー」にかんしては，以下のとりわけ第 5 章を参照．米澤有恒『アートと美学』萌書房，2008 年.

p. 193 **リオタールによるカントの『判断力批判』読解** ジャン＝フランソワ・リオタール『崇高の分析論　カント『判断力批判』についての講義録』星野太訳，法政大学出版局，2020 年.

p. 194 **『野火』に見られたように…描こうとしていたのではないかと思うのです** 丹生谷貴志『〈真理〉への勇気　現代作家たちの闘いの轟き』青土社，2011 年，pp. 25-26.

p. 196 **「ティクーン」はこう言明していた** Tiqqun, «Une métaphisique critique pourrait naître comme science des dispositifs», *Contributions à la guerre en cours*, La Fabrique, 2009.

p. 196 **たとえば矢野眞和が提案するような「現実的」な無償化の要求** 矢野眞和『「習慣病」になったニッポンの大学　18 歳主義・卒業主義・親負担主義からの解放』日本図書センター，2001 年.

p. 196 **忽然とあらわれた 2 万人の群集はトランストテゴリックな「しるし」としかよびようのないものだった** 『来たるべき蜂起』翻訳委員会「反原発のしる

p. 178 **原子力は統治のアルケーである…アーメン** アンナ・R 家族同盟「社畜かくあれかし，アーメン」，『砂漠』1 号，2011 年 8 月，p. 6.

p. 179 **これらの要求のもと…見通しはかならずしも明瞭ではない** Hervé Kempf, «Au Chili, le printemps des étudiants. Contre l'Héritage Pinochet», *Le Monde diplomatique*, No. 619, octobre 2011.

p. 180 **（韓国）政府は…譲歩し…高額所得者世帯にも授業料の 10 分の 1 程度が支給されることになった** 平間順平「韓国が 1 千億円の奨学金制度 学費高騰対策で」，『読売新聞』2011 年 9 月 12 日.

p. 183 **負債はもっとも脱領土化され…助長するのである** Maurizio Lazzarato, *La Fabrique de l'homme endetté: Essai sur la condition néolibérale*, Éditions Amsterdam, 2011, p. 71（邦訳『〈借金人間〉製造工場 "負債"の政治経済学』杉村昌昭訳，作品社，2012 年，p. 119）.

p. 184 **第一に，社会のパラダイムは…再定義がなされるだろう** *Ibid.*, pp. 13-14（邦訳 pp. 21-22）.

pp. 185-186 **貧者の生や才能や活動は…それは資本と利息の死である** Marx, «Crédit et banque», cite par Lazzarato, *op. cit.*, p. 47（邦訳 p. 79）. 強調はラッツァラート.

p. 186 **中世ヨーロッパで利息が禁じられていたこと** ジャック・ル・ゴフ『中世の高利貸』渡辺香根夫訳，法政大学出版局，1989 年.

p. 187 **ラッツァラートによれば…借金を「一銭たりとも」返さないことであるという** Lazzarato, *op. cit.*, p. 123（邦訳 p. 205）.

p. 188 **ラッツァラートじしんは…あたらしい世界像の手がかりをもとめている** アンジェラ・メリトプロス＋マウリツィオ・ラッツァラート「機械状アニミズム」中倉智徳訳，『現代思想』2011 年 11 月号，pp. 126-135. またおなじふたりによる映像作品「アッサンブラージュ」がひろしま女性学研究所（10 月 15 日）ほかで上映された.

pp. 188-189 **シトンの『読む，解釈する，現働化する』…『人文学の未来』などの著作** Yves Citton, *Lire, Interpréter, Actualiser: Pourquoi les études littéraires ?*, Éditions Amsterdam, 2007; *Mythocratie: Storytelling et imaginaire de gauche*, Éditions Amsterdam,

par François Théron, *Libération*, le 2 décembre 2010. ブログ「大学生詩を撒く」には英文原稿からの訳が掲載されている（「マイケル・ハートの大学論」2010 年 12 月）．リベラシオンの記事とは若干の異同があるが，適宜参照させてもらった．

p. 168 **『Q』は人文主義者ルターが…直線的な時間そのものである** Luther Blissett, *Q*, Houghton Mifflin Harcourt, 2004. Jay Griffiths, *Pip Pip: A Sideways Look at Time*, Flamingo, 1999. 後者邦訳は『《まるい時間》を生きる女，《まっすぐな時間》を生きる男』浅倉久志訳，飛鳥新社，2002 年．

pp. 170-171 **「認知資本主義」とは…ゆるがしているのである** André Gorz, *L'immatériel: Connaissance, valeur et capital*, Galilée, 2003, pp. 81-82.

p. 171 **ベーシックインカム（ゴルツは「存在給与」とよぶ）** *Ibid.*, p. 99 sq.

p. 171 **すでに 1988 年の…ゴルツの関心は賃労働制の解体にそそがれつづけてきた** アンドレ・ゴルツ『労働のメタモルフォーズ 働くことの意味を求めて 経済的理性批判』真下俊樹訳，緑風出版，1997 年．本書は *L'immatériel*（『非物質的なもの』）の考察をふまえて以下の改訂増補版がでている．André Gorz, *Métamorphoses du travail, quête du sens*: *Critique de la raison économique*, Gallimard, coll. «Folio Essais», 2004. ゴルツじしんについては，以下の論集を参照．Christophe Fourel (dir.), *André Gorz, un penseur pour le XXI*[e] *siècle*, La Découverte, 2009.

p. 172 **ネグリとの共著『〈帝国〉』の末尾で思い描かれていたのもベーシックインカムの導入だった** ネグリ＝ハート『〈帝国〉 グローバル化の世界秩序とマルチチュードの可能性』水嶋一憲他訳，以文社，2003 年．

p. 172 **ネグリにかんする思想家ビフォの証言** フランコ・ベラルディ（ビフォ）『NO FUTURE イタリア・アウトノミア運動史』廣瀬純・北川眞也訳／解説，洛北出版，2010 年．

p. 173 **ビフォが占拠の主体に見出したのは「文化水準の高い若者たち」であり…** 同前，pp. 374, 375.

pp. 174-175 **主人を下僕とし…不可能なことを言葉にしなければならない，と** 友常勉『脱構成的叛乱 吉本隆明，中上健次，ジャ・ジャンクー』以文社，2010 年，p. 82．吉本『論註と喩』の引用に付されたページの参照注記は省略した．

p. 175 **「指示表出」とは事実確認的な「記号と参照項の関係」であり…行為遂行的なはたらきとひとしい** 同前，p. 26.

中公文庫，1973 年，p. 211（断章 320 の 2）．断章の全体は以下のとおり．「世の中で最も不合理なことが，人間がどうかしているために，最も合理的なこととなる．一国を治めるために，王妃の長男を選ぶというほど合理性に乏しいものがあろうか．人は，船の舵をとるために，船客のなかでいちばん家柄のいい者を選んだりはしない．そんな法律は，笑うべきであり，不正であろう．ところが，人間は笑うべきであり，不正であり，しかも常にそうであろうから，その法律が合理的となり，公正となるのである．なぜなら，いったいだれを選ぼうというのか．最も有徳で，最も有能な者をであろうか．そうすれば，各人が，自分こそその最も有徳で有能な者だと主張して，たちまち戦いになる．だから，もっと疑う余地のないものにその資格を結びつけよう．彼は王の長男だ．それははっきりしていて，争う余地がない．理性もそれ以上よくはできない．なぜなら，内乱こそ最大の災いであるからである」．

p. 164 **ヒューマンストライキは…すべてが労働である**　Tiqqun「どうしたらいいか？」，『VOL 04 都市への権利／モビライゼーション』以文社，2010 年，p. 259.

p. 165 **これにたいして，同年の 11 月から…皇太子の車は群集にとりかこまれた**「英ロンドンで 10 日，学生らが政府の歳出削減計画による授業料の大幅値上げに反対してデモを行い，一部が暴徒化．与党・保守党本部のガラスを割るなどし，機動隊と小競り合いとなる騒ぎがあった．政府案によると，大学の授業料は従来の 3 倍となる年間 9000 ポンド（約 120 万円）まで引き上げられる可能性があり，近く議会で議決される見通しとなっている．学生ら数千人が集まった抗議活動は当初，平和的なデモ行進で始まったが，一部が保守党本部に乱入．建物屋上で抗議する学生の姿も見られた」（asahi.com，2010 年 11 月 11 日付）．「英ロンドン都心で〔12 月〕9 日午後（日本時間 10 日未明），大学授業料値上げに反対する推定 2 万人の学生デモの一部が暴徒化し，英国会前で警官隊と衝突した．その後，繁華街に流れ，イベント出席のため通りかかったチャールズ皇太子夫妻の車の窓ガラスを割り，ペンキを投げつけた．夫妻は無事だった」（同，12 月 10 日付）．

p. 166 **スウィフトの『書物戦争』で語られたトポスの回帰をみてとることもできるかもしれない**　スウィフト『桶物語・書物戦争』深町弘三訳，岩波書店，1968 年．同書が属すフランスにおける新旧論争については以下を参照．Marc Fumaroli, «Les abeilles et les araignées», *La Querelle des Anciens et des Modernes*, Gallimard, 2001, pp. 7-220.

pp. 167-168 **ここ数十年のあいだで…現実的な経済的発展の方向に向かうのである**　Michael Hardt, «L'erreur d'orientation des campus américains», traduit de l'américain

p. 157 **おそらく混乱は…わかりませんか？** Tocqueville, «Discours prononcé à la Chambre des Députés, le 27 janvier 1848». 菊谷，前掲書，p. 26 からの引用．

p. 159 **われわれのなかには…（『エチカ』第 3 部定理 8）** ジャン＝クレ・マルタン『フェルメールとスピノザ 〈永遠〉の公式』杉村昌昭訳，以文社，2011 年，p. 22．

p. 159 **大森荘蔵が「時は流れず」と断言したこと** 大森荘蔵『時は流れず』青土社，1996 年．

p. 160 **マウリツィオ・ラッツァラートは一銭たりとも借金を返すなとよびかける** マウリツィオ・ラッツァラート『〈借金人間〉製造工場 “負債”の政治経済学』杉村昌昭訳，作品社，2012 年．

p. 160 **デヴィッド・グレーバーは，国際的な債務と消費者のローンの帳消しを提起する** デヴィッド・グレーバー『負債論 貨幣と暴力の 5000 年』酒井隆史監訳，高祖岩三郎・佐々木夏子訳，以文社，2016 年．

p. 161 **ジャーナリストの田原牧によれば…「デモに憑かれている」という** 「〔2011 年〕3 月以来，毎週金曜日に大がかりなデモが続いているシリアでは，すでに犠牲者が 5 千人を超えている（国連調べ）．単純計算でも，それは 40 回近く繰りかえされている．ダマスカスに住む同世代の知人は「どうにも分からない」と，電話口でため息をもらした．「青年たちはデモに憑かれている．旧来の反政府各派の合従連衡には興味がない．展望の論議もない．まるでこのままデモを続けていれば，何かが変わると信仰しているかのように，愚直に彼らはデモを続けているのだ」．／その言葉を聞いて，2 月にタハリール広場で無名の青年たちと交わした対話を思い出した．誰が次期大統領にふさわしいのか，といった話題で，数人の青年が旧政権派の人物の名を挙げた．それでは何も変わらないのではと問うと，彼らは「そうなら，またデモをすればいい」と不敵に笑った．それは強がりで運動はやがて失速すると思った．しかし，彼らは再び死をもいとわない闘いに起った」．田原牧「叛逆に展望はいらない」，『図書新聞』3044 号，2012 年 1 月 1 日．

III

内乱のヒューマンストライキ

p. 164 **内乱こそ最大の災いである** パスカル『パンセ』前田陽一・由木康訳，

収監されていたディドロに面会した帰り道でのことだった．ディドロはポルノグラフィックな小説（『お喋りな寳石』新庄嘉章訳，大雅洞，1951 年）を著したかどで投獄されていた．この一連の経緯じたいが，「啓蒙」という出来事の感性的な発生の消息を物語っているといもいえるだろう．

p. 148 **こうした美学的かつ政治的な地平にゆきわたるスピノザ主義の地下水脈** Jonathan Israel, *Radical Enlightenment: Philosophy and the Making Modernity, 1650-1750*, Oxford University Press, 2001; Yves Citton, *L'envers de la liberté: L'invention d'un imaginaire spinoziste dans la France des Lumières*, Éditions Amsterdam, 2006.

p. 149 **「野生人」の「孤独な生活様式」** ルソー『人間不平等起源論』ルソー選集 6，原好男訳，白水社，1986 年，p. 33.

p. 149 **スイスの哲学者ジャン・スタロバンスキーもいうように** スタロバンスキー，前掲書，p. 63.

p. 149 **この「自己保存への配慮」** ルソー，前掲書，p. 50.

pp. 149-150 **スピノザが『エチカ』で語る「コナトゥス（自存力）」の概念** スピノザの引用は以下より．『エチカ』上・下，畠中尚志訳，岩波文庫，1974 年.

p. 151 **この状態にある人々は…妥当である** ルソー，前掲書，p. 49.

p. 151 **ライプニッツはスピノザが「まぎれもない無政府状態」をもたらすと警告した** マシュー・スチュアート『宮廷人と異端者　ライプニッツとスピノザ，そして近代における神』桜井直文・朝倉友海訳，書肆心水，2011 年，p. 309.

p. 152 **自然はあらゆる動物に…同意するかさからうかは自由である** ルソー，前掲書，p. 36.

p. 154 **社会と法律は…屈従させたのであった** 同前，p. 78.

pp. 155-156 **19 世紀前半オーギュスト・コントが…発見することだ** 左古輝人「社会概念の再検討：近年の動向と展開への手がかり」，『人文学報 社会学』43 号，首都大学東京，2008 年，p. 138.

p. 156 **歴史家の喜安朗や…19 世紀前半の騒乱は反社会的なものだった** 喜安朗『民衆騒乱の人類学　街路のユートピア』せりか書房，2011 年．良知力『青きドナウの乱痴気　ウィーン 1848 年』平凡社ライブラリー，2012 年. Jacques Rancière, *La Nuit des prolétaires*, Fayard, 1981.

p. 156 **菊谷和宏の思想史的な検証** 菊谷和宏『「社会」の誕生　トクヴィル，デュルケーム，ベルクソンの社会思想史』講談社選書メチエ，2011 年.

pp. 141-142 **ジェームズ・C・スコットは…残余にすぎない時代**　ジェームズ・C・スコット『ゾミア　脱国家の世界史』佐藤仁監訳，みすず書房，2013 年，p. 330.

p. 143 **「意味するものの専横的過剰」による擬似的な包摂**　津村はすでに連合赤軍事件にさいして，「権力の意味論的儀式」のサブカル的な側面をつぎのようにいいあてていた．「都市の爆発という状況の下で，「余白」への旅は例えば“Discover Japan”と新全国綜合開発計画とのからみあいという形ですすめられる．自然らしさ，ふるさとらしさの記号（意味するものの専横的過剰を伴う）の大量消費という事態は，大衆の「自然発生的」な自己認識（読み［レクチュール］）を，その日常性離脱願望をさえ秩序だてる．大衆の「遊行的なもの」にたいする意識はこうして統制される．というより，この日常生活の耐え難さは，観光や出稼ぎというかたちでそれじしん「遊行的なもの」を（記号として），内にとりこむことによって，補償される」．津村喬「山上の垂訓　赤軍報道覚え書」，『メディアの政治』晶文社，1974 年，p. 208.

p. 144 **『はだしのゲン』で描かれているようなスラム＝ゾミアの生**　酒井隆史＋HAPAX「四つのモチーフ」，河出書房新社編集部編『『はだしのゲン』を読む』河出書房新社，2014 年，pp. 127-140.

反社会的なもの

p. 147 **革命期とよぶべき今日の事態のなかで，ルソーという近代性の始原に立ちもどることはさけられない**　Mehdi Belhaj Kacem, *Après Badiou*, Grasset, 2011. 今日のルソー解釈の起源を構成するのは，1941 年のジャン・ポーラン『タルブの花』（邦訳：野村英夫訳，晶文選書，1968 年）と 57 年のジャン・スタロバンスキー『ルソー　透明と障害』（邦訳：山路昭訳，みすず書房，1973 年）だろうが，それらの再解釈でもあるデリダの『グラマトロジー』が 68 年の前年に刊行されたことは，ルソーの召還がなんのきざしであるかを物語っているようにも思える．なお，その後の読解については以下を参照されたい．水林章『公衆の出現，文学の誕生　ルソー的経験と現代』みすず書房，2003 年．

pp. 147-148 **こうしてルソーが…バウムガルテンの『美学』（1750 年）が書かれた時期だということである**　18 世紀における美学的な地平の発生については以下を参照．Annie Becq, *Genèse de l'esthetique française: De la raison classique à l'imagination créatrice 1680-1814*, Pacini Editore, 1984. 佐々木健一『フランスを中心とする 18 世紀美学史の研究　ウァトーからモーツァルトへ』岩波書店，1999 年．そもそもルソーが反文明の着想をえたのは，ヴァンセンヌ牢獄に

pp. 130-131 **それは近代の文明を駆動してきたいっぽうの極だったことを忘れてはならないだろう**　スティーヴン・グリーンブラット『一四一七年，その一冊がすべてを変えた』河野純治訳，柏書房，2012 年．

p. 131 **ちだい『食べる？　食品セシウム測定データ 745』**新評論，2013 年．

pp. 134-135 **確率論の出現は 1662 年の…さかのぼるという**　イアン・ハッキング『確率の出現』広田すみれ・森本良太訳，慶應義塾大学出版会，2013 年．

p. 136 **村澤真保呂は社会学的かつ精神分析学的な観点から**　村澤真保呂「都市からの逃走　東京と地方をめぐる試論」，『インパクション』192 号，2013 年 11 月，pp. 12-23（村澤『都市を終わらせる　「人新世」時代の精神，社会，自然』ナカニシヤ出版，2021 年所収）．

p. 137 **マイク・デイヴィスの『スラムの惑星』の議論**　マイク・デイヴィス『スラムの惑星　都市貧困のグローバル化』酒井隆史監訳，篠原雅武・丸山里美訳，明石書店，2010 年．

p. 137 **こうしたスラム化のはじまりは…さかのぼる**　今村創平『現代都市理論講義』オーム社，2013 年，p. 27 sq.

p. 137 **社会運動の次元では「資本主義の新たな精神」が出現する**　リュック・ボルタンスキー＋エヴ・シャペロ『資本主義の新たな精神』三浦直希・海老塚明・川野英二・白鳥義彦・須田文明・立見淳哉訳，ナカニシヤ出版，2013 年．

p. 138 **その端的な事例として…「自然農法」をあげることができる**　福岡正信『［自然農法］わら一本の革命』春秋社，1983 年（1975 年初版）．

p. 139 **おそらくケインズが予測したように**　ケインズ「孫の世代の経済的可能性（1930 年）」，『ケインズ説得論集』山岡洋一訳，日本経済新聞出版社，2010 年，pp. 205-220.

p. 139 **当時の松田政男の風景論や東アジア反日武装戦線の爆弾闘争**　松田政男『風景の死滅　増補新版』平沢剛解説，航思社，2013 年．松下竜一『狼煙を見よ　東アジア反日武装戦線“狼”部隊』河出書房新社，1987 年（2017 年再版）．

p. 140 **大塚英志の連合赤軍論は徴候的である**　大塚英志『「彼女」たちの連合赤軍　サブカルチャーと戦後民主主義』角川文庫，2001 年．

p. 140 **笙野頼子は大塚のネオリベラルな言動を指弾しつづけている**　『現代思想』2007 年 3 月号，「特集＝笙野頼子 ネオリベラリズムを超える想像力」．

たちの経験をエドゥアール・グリッサンの「全 - 世界論」のアトミズムに接合することが端緒となるだろう．そこでは「不透明性への権利」において祝祭的な関係がひろがっていく．この点については中村隆之『カリブ - 世界論』（人文書院，2013 年）を参照．また近代におけるアトミズムのインパクトについては以下を参照．M・セール『ルクレティウスのテキストにおける物理学の誕生』豊田彰訳，法政大学出版局，1996 年．S・グリーンブラット『一四一七年，その一冊がすべてを変えた』河野純治訳，柏書房，2012 年．

p. 122 **第一次世界大戦で負傷した作家ブスケの…ローベルの「おてがみ」を想いおこしておきたい**　ローベル，前掲書，pp. 53-64．ブスケについては以下を参照．ジョー・ブスケ『傷と出来事』谷口清彦・右崎有希訳，河出書房新社，2013 年．とりわけ，ブスケの「傷」が「敗戦直後の日本のアレゴリー」でもありうるという「傷と運命　訳者あとがきにかえて」（谷口）の洞察は，われわれの論脈にとって引用にあたいするだろう．「ブスケは友情のひとである．取り返しのつかない傷の裂け目をみたすように友人たちは彼の枕元をおとずれ，そのみたされるものによってブスケは執筆の勇気をえた．われわれがこの詩人のうちに見出すことができるのは，たとえば敗戦直後の日本のアレゴリーである．その致命傷によって日本は不可逆的な突然変異となり，国家間の戦争と秩序の連鎖から脱出することができたのだった．それは第三世界への生成でもあっただろう．傷ついた者たちは，戦争の秩序，秩序の戦争に抗してひとつの経験をねりあげていくのである．そこにはまだ傷からの快復という馬鹿げたシナリオはなく，傷をみたしてくれる友情だけが人々の勇気となりえていた．傷ついた者たちを敗戦の出来事の息子たらしめる九条という平和の叙事のなかで，戦中・戦後派の作家たちを後押ししていたのは，裂け目のうちに胚胎された自由と経験への信憑だっただろう．運命はいかなるときもわれわれを傷つける．おそらくはその傷にふさわしい者になることだけが，運命がわれわれにさずける超人への回路なのである」（同書，p. 277）．

苦役のサブカルチャー

p. 128 **我々の前に提示されるのは…陶酔しきった表情だ**　矢部史郎＋山の手緑「シジフォスたちの陶酔　「Project FUKUSHIMA !」を批判する」，『インパクション』194 号，2014 年 4 月，p. 161．

p. 130 **ティクーンは、かつて…「装置の形而上学」について語っていた**　ティクーン＋『来たるべき蜂起』翻訳委員会『反 - 装置論　新しいラッダイト的直観の到来』以文社，2012 年．

書，p. 31．この箇所は1946年の作品発表時にGHQの検閲で削除された．

p. 119 **映画監督アキ・カウリスマキが…第三世界プロジェクトの再開である**『ル・アーヴルの靴みがき』アキ・カウリスマキ監督，フィンランド・フランス・ドイツ合作，2011年（配給：ユーロスペース／DVD：キングレコード）．

p. 120 **マルクスがボードレールでもありうる世界…「ボヘミアン」たちの世界であるだろう**　マルクスは『ブリュメール18日』で，ナポレオン3世を支持する「ルンペンプロレタリアート」たちをこう否定的に表現した．だが，ボードレールと同様に，マルクスじしんもパリで「ボヘミアン」の生活をおくっていなかったと誰がいえるのだろうか？　われわれにとっての賭け金とは，社会の階級組成から「こぼれ落ちた者たち」のネーションの抗争的な世界をつくりだすことであり，それは植民地支配の象徴でもある第二帝政のパリを反転させながらくつがえすことでもあるだろう．パリの歴史的なポテンシャルについては以下を参照．エリック・アザン『パリ大全　パリを創った人々・パリが創った人々』杉村昌昭訳，以文社，2013年．

p. 121 **ディケンズの『われらが友』を語るドゥルーズのテクスト**　ドゥルーズ「内在―ひとつの生」小沢秋広訳，『狂人の二つの体制 1983-1995』河出書房新社，2004年，pp. 295-302.

p. 121 **アルレッティが…カフカの短篇である**　このシーンでマルセルがアルレッティのために朗読するのは「街頭の子どもたち」（『カフカ・セレクションII』平野嘉彦編，柴田翔訳，ちくま文庫，2009年，pp. 75-81）である．その実験的なシークエンスは，異質なものの平滑な連鎖という点で，政治的なネーションとしての映画じたいのアレゴリーでもあるだろう．以下を参照．ペーター・アンドレ=アルト『カフカと映画』瀬川裕司訳，白水社，2013年．

p. 122 **第二次世界大戦中と同様に…「放射脳」とそしりつづける**　権力とそのエージェントたちが「放射脳」を指弾するのは，「放射脳」たちが放射能との戦争の敗北を暴露するからだけではない．「放射脳」たちの日常は，不可視のアトムにたいする経験論的な知覚にねざしている．彼らはアトムについて思考しつづけ，それが無媒介に日常に反映される．この不可視の経験論は，平等主義のラディカリズムをもたらすはずである．古代の原子論者ルクレティウスの『物の本質について』を筆写したマキアヴェッリにとって，君主と臣下のあいだに質の差がなかったように．あるいは古代のアテネで，原子論にもとづくエピクロス派だけが奴隷制も男女差別もみとめなかったように．権力が警戒しているのは，3・11以後のアトミズムのひろがりである．われわれがファノンの第三世界プロジェクトを再開させるためには，「放射脳」

『褐色の世界史　第三世界とはなにか』粟飯原文子訳，水声社，2013 年，p. 13.

p. 110 **フランスの植民地だったマルティニーク島出身の革命家ファノンの『地に呪われたる者』**　フランツ・ファノン『地に呪われたる者』鈴木道彦・浦野衣子訳，みすず書房，1969 年.『褐色の世界史』のエピグラフにひかれているファノンの言葉は以下のとおり.「第三世界は今日，一つの巨大な塊としてヨーロッパに対峙している．そのプロジェクトとは，ヨーロッパがこれまで答えをみつけられずにいる問題を解決しようとすることであるはずだ」.

p. 112 **そうした「政治的ネーション」の根底には…滞留していることを忘れてはならないだろう**　ベネディクト・アンダーソンの『定本 想像の共同体　ナショナリズムの起源と流行』（白石隆・白石さや訳，書籍工房早山，2006 年）を慎重に読み返そう．ネーションはプリント・キャピタリズムによってつくりだされた言語の単一性にもとづくと，短絡してはならないだろう．アンダーソンが語っているのは，支配的な言語にたいして，複数の文化を媒介する対抗的な言語のネーションが生成する過程でもある．そうした言語のネーションはもっぱら詩や小説をつうじてねりあげられるが，そのことは文学が文化や言語の支配に抗してつむがれることをしめしている．反植民地主義のネーションは，文化や言語の規範にはおさまらない，文学による表現にもとづいている．この点についてのアンダーソンの見解は以下を参照．アンダーソン『三つの旗のもとに　アナーキズムと反植民地主義的想像力』山本信人訳，NTT 出版，2012 年.

p. 113 **フランス文学研究者の水林章によれば**　水林章『モーツァルト〈フィガロの結婚〉読解　暗闇のなかの共和国』みすず書房，2007 年.

p. 114 **啓蒙思想の暗部を知悉していた坂口安吾は…性愛だけにきりつめる**　坂口安吾「戦争と一人の女」無削除版，『戦後短篇小説再発見 2 性の根源へ』講談社文芸文庫，2001 年，pp. 9-31.

p. 115 **プラシャドによれば…後退をしいられる**　プラシャド，前掲書，第 2 部「陥穽」，第 3 部「抹消」参照.

p. 116 **黒人の写真は…1 枚だけである**　『ゼクシィ』2013 年 9 月号，p. 1412.

pp. 117-118 **グローバリゼーションと…聖地のあり様なのである**　プラシャド，前掲書，p. 317.

p. 118 **ハンチントンは…CIA の正式な顧問でもあった**　同書，p. 172.

p. 119 **もっとへとへとになるまで…可愛い小さな肢体になっていた**　坂口，前掲

pp. 99-100 **一般意志は，全体意志と異なるものであることが多い…これが一般意志である**　ルソー，前掲書，p. 65.

p. 101 **暑い季節にはなにをしていたの…踊りなさいよ**　ラ・フォンテーヌ『寓話』上，今野一雄訳，岩波文庫，1972 年，p. 70.

p. 103 **「兄ぃ」と称する人物は…いやがらせをつづける**　twitter.com/any_k

p. 104 **だからイヴ・シトンは…熱弁をふるうのだろう**　«Plutôt que l'angoisse, le revenue universel garanti. Yves Citton, Ce soir ou jamais» (YouTube). Cf. Yves Citton, *Renverser l'insoutenable,* Seuil, 2012.

婚活のネーション

p. 106 **ふたりとも…すわっていました**　アーノルド・ローベル「おてがみ」，『ふたりはともだち』三木卓訳，文化出版局，1972 年，p. 63.

p. 106 **いかなる物も…滅ぼされることができない**　スピノザ『エチカ』上，畠中尚志訳，岩波文庫，1951 年，p. 176.

p. 107 **「和婚」が静かに流行しているという**　大山くまお「みやこ de プチブーム 和婚専門誌」東京新聞 2013 年 6 月 25 日.

p. 107 **柳田國男も強調するように**　柳田國男『明治大正史 世相篇』講談社学術文庫（新装版），1993 年.「伝統」の起源の浅さについては以下を参照．エリック・ホブズボウム／テレンス・レンジャー『創られた伝統』前川啓治・梶原景昭訳，紀伊國屋書店，1992 年.

p. 108 **別の専門誌『和婚』では**　『和婚 wedding』2013 年秋号，pp. 118-121.

p. 108 **旧憲法との想像的な連続性を志向する自民党の改憲案では**　自民党の「日本国憲法改正草案」では 24 条は以下のようになっている.「第 24 条（家族，婚姻等に関する基本原則）1 家族は，社会の自然かつ基礎的な単位として，尊重される．家族は，互いに助け合わなければならない．2 婚姻は，両性の合意に基づいて成立し，夫婦が同等の権利を有することを基本として，相互の協力により，維持されなければならない．3 家族，扶養，後見，婚姻及び離婚，財産権，相続並びに親族に関するその他の事項に関しては，法律は，個人の尊厳と両性の本質的平等に立脚して，制定されなければならない」（自由民主党公式サイトより）.

p. 109 **第三世界は場所ではない…練り上げていった**　ヴィジャイ・プラシャド

ドナウの乱痴気　ウィーン 1848 年』平凡社ライブラリー，2012 年.

p. 93 **ボードレールにとっても，プルードンは親炙の対象ではなくなる**　プルードンとボードレールの関係については以下を参照．海老根龍介「革命と悪：ボードレールの 1848 年」，『仏語仏文学研究』32 号，2006 年，pp. 53-79．谷口清彦「なぜなら無償であるがゆえに　ボードレールのレアリスム試論」，『*Les lettres françaises*』32 号，2012 年，pp. 17-26.

p. 93 **かくも多くの約束…宣言したのである**　ボードレール「目下の状況」，『アンドレ県の代表者』紙（1948 年 10 月 20 日付）．谷口，前掲論文 p. 18 に引用.

p. 95 **政治哲学の研究者である濱本真男によれば**　濱本真男『「労働」の哲学　人を労働させる権力について』河出書房新社，2011 年.

p. 96 **社会的生活の喪失可能性が…十分に脅迫的である**　同書，p. 127.

p. 97 **被曝労働者の人権を…社会の護持のために**　矢部史郎「受忍・否認・錯覚　閾値仮説のなにが問題か」，前掲『被曝社会年報＃01』pp. 23-50.

p. 98 **金融市場の肥大のなかで，資本主義のゆきづまりがくりかえし語られる**　ネオリベラリズムのイデオローグだった中谷巌の『資本主義はなぜ自壊したのか　「日本」再生への提言』（集英社文庫，2011 年）やネグリ＝ハートの『コモンウェルス　〈帝国〉を超える革命論』（上・下，水嶋一憲監訳，NHK ブックス，2012 年）はよく知られているだろうが，とりわけフレデリック・ロルドンの『なぜ私たちは，喜んで“資本主義の奴隷”になるのか？　新自由主義社会における欲望と隷属』（杉村昌昭訳，作品社，2012 年），および以下におさめられた諸論考は注目すべきと思われる．『情況』思想理論編第 1 号「〈公共〉に抗する　現代政治的理性批判」2012 年.

p. 98 **19 世紀はじめの社会学の成立にさいして，その対象となる社会がつくりだされたともいえるだろう**　竹沢尚一郎『社会とは何か　システムからプロセスへ』中公新書，2010 年．菊谷和宏『「社会」の誕生　トクヴィル，デュルケーム，ベルクソンの社会思想史』講談社選書メチエ，2011 年.

p. 99 **社会契約が破られるならば，各人は自分の最初の権利をとりもどすまでのことである**　ルソー『社会契約論／ジュネーヴ草稿』中山元訳，光文社古典新訳文庫，2008 年，p. 40.

p. 99 **当時の啓蒙思想一般に「スピノザ的想像力」の隠然たる痕跡をみてとることができる**　Cf. Yves Citton, *L'Envers de la liberté : l'invention d'un imaginaire spinoziste dans la France des Lumières*, Éditions Amsterdam, 2006.

p. 80 **世界各地で…無数のラッダイトがあらわれた**　栗原康「大学生，機械を壊す　表現するラッダイトたち」，四方田犬彦・平沢剛編著『1968 年文化論』毎日新聞社，2010 年，p. 129（栗原康『奨学金なんかこわくない！　『学生に賃金を』完全版』新評論，2020 年，pp. 157-158）.

p. 81 **このあたらしい「ラッダイト」は…もとめられる**　同前.

p. 81 **栗原じしんもいうように…「狡猾で巨大」である**　同書，p. 151（『奨学金なんかこわくない！』p. 176）.

p. 82 **ここでの賭け金は…拒否するからだろう**　Yves Citton, *Mythocratie: Storytelling et imaginaire de gauche*, Éditions Amsterdam, 2010, p. 180.

p. 84 **もし人間が…夢が眼ざめているのを知ることができる**　ピエール・クラストル『国家に抗する社会　政治人類学研究』渡辺公三訳，書肆風の薔薇（水声社），1987 年，p. 153.

就活のアンナ・R

p. 88 **さいわいバカ学生だったきみは…ほかにどうしろというのだろう**　アンナ・R 家族同盟「なぜならコミュニズムあるがゆえに」，現代理論研究会編『被曝社会年報＃01』新評論，2013 年，p. 207.

p. 89 **1977 年の聖霊降誕祭の月曜日…残酷な処置だった**　ロベルト・ユンク『原子力帝国』山口祐弘訳，社会思想社（現代教養文庫），1989 年，p. 212. なお本書は原発事故後の 2015 年に日本経済評論社より復刊された.

p. 89 **フクシマ以後，あらためて「来るべき生権力」が論じられるのも偶然ではない**　『思想』2013 年 2 月号は「来るべき生権力論のために」と題し，思想，政治学，人類学におよぶ浩瀚な特集をくんでいる.

p. 91 **順応し，適合し…つくりだしたものなのである**　ユンク，前掲書，p. 111.

p. 92 **カナダの社会理論家モイシェ・ポストンも縷々説くように**　モイシェ・ポストン『時間・支配・労働　マルクス理論の新地平』白井聡・野尻英一訳，筑摩書房，2012 年.

p. 93 **マルクスがボードレールとおなじ時代の帰趨を生きたこと**　1940 年代のマルクスについては以下を参照. 的場昭弘『パリの中のマルクス　1840 年代のマルクスとパリ』御茶ノ水書房，1995 年. また 2 月革命については以下を参照. 喜安朗『パリの聖月曜日』岩波現代文庫，2008 年. 良知力『青き

des humanités: Economie de la connaissance ou cultures de l'interprétation ?, La Découverte, 2010, p. 49.

p. 75 **脳とは…といえるだろう** Gilles Deleuze, cours du 23 novembre 1982, *ibid.*, cité par Yves Citton, *op. cit.*, p. 53.

pp. 75-76 **イヴ・シトンもその近著『人文学の未来』で強調するように** Yves Citton, *op. cit.*

p. 76 **シトンは先の著書の末尾で…とらえかえす** *Ibid.*, p. 174 sq.

p. 77 **シトンはその筆頭にベーシックインカムをあげているが** *Ibid.*, p. 172.

p. 78 **『千のプラトー』の 12 章では「遊牧」や「戦争機械」といった決定的な概念が展開されるが** ジル・ドゥルーズ＋フェリックス・ガタリ『千のプラトー　資本主義と分裂症』下，宇野邦一ほか訳，河出文庫，2010 年.

pp. 78-79 **ジルベール・シモンドンへの参照…質料そのものの「特異性と力」が語られる** 「ジルベール・シモンドンは，質料 - 形相図式とその社会的諸前提の分析と批判をきわめて遠くまで押し進めた（「形相とは命令する人間が自己の内部で考えたものであり，命令を実際に与えるときには積極的に表現しなければならないものである．すなわち形相は表現可能なものの次元に属している」）．この質料 - 形相図式にシモンドンが対立させているのは，特異性と力をそなえた質料，すなわちエネルギー的諸条件にもとづく力動的図式である（ドゥルーズ＝ガタリ前掲書 12 章，註 28，p. 330）．「シモンドンは冶金術の問題に特別な興味を寄せてはいない．というのも，彼の分析は歴史的ではなく，むしろ電子工学のケースを好んで取り上げているからである．しかし歴史的に見ると冶金術を通過しない電子工学は存在しないのである．そこからシモンドンの冶金術への賛辞が由来する――「冶金術は質料形相モデルによって完全に思考されるものではない．冶金術の形取りは目に見える形で瞬間的に成就されるのではなく，継起するもろもろの操作の結果である．厳密には形取りと質的な変容を区別することはできない．鋼の鍛造と焼き入れは，本来の形取りと呼ばれるべきものよりも，前者は以前であり，後者は以後である．しかしながら鍛造と焼き入れは対象を構成するものなのである」」（同前，註 86，p. 343）．シモンドンの『個体化の哲学　形相と情報の概念を手がかりに』（藤井千佳世監訳，近藤和敬／中村大介／ローラン・ステリン／橘真一／米田翼訳，法政大学出版局，2018 年）については以下を参照．宇佐見達郎『シモンドン哲学研究　関係の実在論の射程』法政大学出版局，2021 年.

p. 61 **つねにもろもろの差異こそ…差異の背後にはなにもない** ドゥルーズ『差異と反復』上，p. 165.

p. 64 **哲学者の三上真司の周到な分析によれば** 三上真司『イエス運動・マルコ・哲学』春風社，2020 年，p. 320.

II

グーグル小作人たちのあたらしいラッダイトのために

p. 69 **イタリアの思想家アガンベンの『スタンツェ』には…おさめられている** ジョルジョ・アガンベン『スタンツェ　西洋文化における言葉とイメージ』岡田温司訳，ちくま学芸文庫，2008 年，p. 150.

p. 71 **検索エンジンは…語っていたわけだ** 牧野二郎『Google 問題の核心　開かれた検索システムのために』岩波書店，2010 年，pp. 5-6.

p. 71 **われわれは…「小作人」になりはてている** 水嶋一憲「追伸　〈金融〉と〈生〉について」，クリスティアン・マラッツィ『資本と言語　ニューエコノミーのサイクルと危機』柱本元彦訳・水嶋一憲監修，人文書院，2010 年，pp. 167-189.

p. 72 **もはや個々の消費者には関心がはらわれない** ケン・オーレッタ『グーグル秘録　完全なる破壊』土方奈美訳，文藝春秋，2010 年.

p. 72 **資本の蓄積の中核をになっているのは認識や感情といった「非物質的なもの」の捕獲である** André Gorz, *L'immatériel: Connaissance, valeur et capital*, Galilée, 2003. Yann Moulier-Boutang, *Le capitalisme cognitif*, Éditions Amsterdam, 2007.

p. 72 **金融権力の日常への「浸透」も忘れてはならないだろう** クリスティアン・マラッツィ「金融資本主義の暴力」，A・フマガッリ／S・メッザドーラ編『金融危機をめぐる 10 のテーゼ　金融市場・社会闘争・政治的シナリオ』朝比奈佳尉・長谷川若枝訳，以文社，2010 年，pp. 17-51.

p. 73 **非物質的なものの捕獲の体制は時間性にかかわる固有の「矛盾」をかかえている** アンドレア・フマガッリ「グローバル経済危機と経済・社会的〈ガバナンス〉」，フマガッリ／メッザドーラ編前掲書，pp. 53-74.

p. 74 **牝牛は牧草を…認識なのである** Gilles Deleuze, cours du 18 mai 1982, «La voix de Gilles Deleuze» (www.univ-paris8.fr/deleuze/), cité par Yves Citton, *L'avenir*

青空と文字のあいだで

p. 52 **われわれは…見逃してはならない** ル・フィガロ紙, 2020 年 7 月 26 日.

p. 53 **栗原さんも触れている…称名念仏が衆生という名の人民を生成させるのだ** 栗原康『アナキスト本をよむ』新評論, 2020 年, p. 184. ルビは引用者.

p. 54 **クリストファー・ライアンも学術的な成果をふまえて語っているように** クリストファー・ライアン『文明が不幸をもたらす 病んだ社会の起源』鍛原多恵子訳, 河出書房新社, 2020 年.

p. 55 **『われわれの友へ』で「同志」とよばれるドゥルーズの『差異と反復』** ドゥルーズ『差異と反復』上・下, 財津理訳, 河出文庫, 2007 年.

pp. 55-56 **きわめて一般的なかたちにはなるが…歴史的な秩序を確立する** 『差異と反復』上, pp. 153-154. 以下, 訳は適宜変更.

p. 56 **われわれが生きる「文明の現実的な本質」は「錯覚と欺瞞」です** 同前, 下, p. 324.

p. 57 **この状況をつくりだしたのは「ジレ・ジョーヌ（黄色いベスト）」とよばれるひとたちです** ele-king 編集部編『ele-king 臨時増刊号＝黄色いベスト運動 エリート支配に立ち向かう普通の人びと』P ヴァイン, 2019 年.

p. 58 **「詩人」や「壊し屋」の「破壊」は「表象」にむかうのであり, そこには法そのものもふくまれます** フーコーのつぎのような発言を想いおこそう.「裁判所とは, 正義の官僚化にほかならない」「パリ・コミューンもまた根本的には反＝司法的なものであった」(「人民裁判について」,『フーコー・コレクション 4』小林康夫他編, ちくま学芸文庫, 2006 年). また, 歴史家であり, 現代思想の書物の出版を手がけるラ・ファブリック社の社主でもあるエリック・アザンも「たいていのことはカフェで話しあえばかたがつく」とくりかえす.

p. 59 **小林卓也も強調するように** 小林卓也『ドゥルーズの自然哲学 断絶と変遷』法政大学出版局, 2019 年.

pp. 59-60 **『差異と反復』の政治性をつまびらかにする鹿野祐嗣によれば** 鹿野祐嗣『ドゥルーズ『意味の論理学』の注釈と研究 出来事, 運命愛, そして永久革命』岩波書店, 2020 年, p. 97.

p. 60 **かつてヒトラーの台頭をまのあたりにしたベンヤミンは, ファシズムの核心に「政治の美学化」をみてとりました** ヴァルター・ベンヤミン『[新訳・評注] 歴史の概念について』鹿島徹訳・評注, 未來社, 2015 年.

p. 30 **酒井隆史やグレゴワール・シャマユーも強調するように** 酒井隆史『完全版 自由論 現在性の系譜学』河出文庫，2019 年．Grégoire Chamayou, *La société ingouvernable: Une généalogie du libéralisme autoritaire*, La Fabrique, 2018.

p. 31 **フランソワ・ベゴドーも…と近著ではっきりと語っています** François Bégaudeau, *Histoire de ta bêtise*, Fayard / Pauvert, 2019.

pp. 32-33 **14 世紀の哲学の…アトム的な構成要素とみなすか** 坂部恵『ヨーロッパ精神史入門 カロリング・ルネサンスの残光』岩波書店，1997 年，pp. 47-48.

p. 35 **エリウゲナにおいて，神は…能動／受動の体制そのものが否定される「無」でもある** ヨハネス・エリウゲナ『ペリフュセオン（自然について）』，上智大学中世思想研究所編訳・監修『中世思想原典集成精選 3 ラテン中世の興隆 1』所収，平凡社ライブラリー，2019 年，p. 55.

p. 35 **バンヴェニストの名高い「中動態」論** エミール・バンヴェニスト「動詞の能動態と中動態」，『一般言語学の諸問題』岸本通夫監訳，みすず書房，1983 年，IV 部 12 章，pp. 165-173.

p. 36 **牛や鹿や犬などの獣たち…生み出したものである** 阿部良雄編『ヴィヴァン 新装版 25 人の画家 5 クールベ』一九九六年，講談社，p. 71.

p. 37 **レヴィ=ブリュールの『未開社会の思惟』の翻訳でも知られていました** レヴィ・ブリュル『未開社会の思惟』上・下，岩波文庫，1953 年．訳者名は本名の山田吉彦.

トンネルをぬけて風にふかれる

pp. 43-44 **以前のふつうは…やさしさと連帯とつつましさの** フランコ・ベラルディ（ビフォ）「破綻を超えて：その後の可能性について，3 つの沈思黙考」，「HAPAX ブログ」2020 年 4 月 6 日．このテクストを訳した櫻田和也のフェイスブック（Kaz Sagrada）からの転載（原テクストは 3 月 31 日公開，櫻田訳は 4 月 2 日投稿）.

p. 48 **江川隆男の卓抜な『エチカ』読解** 江川隆男『スピノザ『エチカ』講義 批判と創造のために』法政大学出版局，2019 年.

p. 49 **ドイツ文学者臼井隆一郎による『乾いた樹の言の葉』は…** 臼井隆一郎『乾いた樹の言の葉 『シュレーバー回想録』の言語態』鳥影社，1998 年.

註

I

天皇のてまえと憲法のかなたで

p. 12 **いい村ですし，みな良きイタリア人でファシストで…**　カルロ・レーヴィ『キリストはエボリで止まった』竹山博英訳，岩波文庫，2016 年，p. 78.

p. 13 **いまや生にとって…一匹の猫とかわされるだろう**　クロード・レヴィ＝ストロース『悲しき熱帯』川田順造訳，中公クラッシクス，2001 年，第 2 巻 p. 428. 訳文は適宜変更．のちにふれる「現代思想」の「起源」としての『悲しき熱帯』については以下を参照．Christophe Carle & Laurent Jeanpierre (dir.), *La vie intellectuelle en France 2: De 1914 à nos jours*, Seuil, 2016.

p. 16 **ピエール・クラストルは，未開社会の成立を文明の統治にたいする闘いにみてとります**　ピエール・クラストル『国家に抗する社会　政治人類学研究』渡辺公三訳，水声社，1989 年.

p. 17 **ジェームズ・C・スコットの大著**　ジェームズ・C・スコット『ゾミア　脱国家の世界史』佐藤仁監訳，みすず書房，2013 年.

p. 17 **中井久夫の著作**　中井久夫『分裂病と人類』東京大学出版会，1982 年，同『徴候・記憶・外傷』みすず書房，2004 年.

p. 24 **石牟礼道子が徴候に生きる「形見」の思想を語った**　石牟礼道子『形見の声　母層としての風土』筑摩書房，1996 年.

p. 24 **渡辺京二は「離群」の契機なしに水俣の闘いはなかったという**　渡辺京二『いまなぜ人類史か』洋泉社，2007 年.

電車をとめろ！

p. 26 **ファシズムにとっての好機とは…ファシズムに対抗しているところにあるのだ**　ヴァルター・ベンヤミン『［新訳・評注］歴史の概念について』鹿島徹訳・評注，未來社，2015 年，p. 53.

pp. 27-28 **直接的な身体同士の接触に…「個人」であることができるのです**　荒谷大輔『資本主義に出口はあるか』講談社現代新書，2019 年，pp. 250-251.

初出

I

天皇のてまえと憲法のかなたで……『福音と世界』2018 年 8 月号
電車をとめろ！……同 2019 年 12 月号
トンネルをぬけて風にふかれる……『ele-king 臨時増刊号＝コロナが変えた世界』2020 年 7 月 8 日
青空と文字のあいだで……『福音と世界』2021 年 2 月号

II

グーグル小作人たちのあたらしいラッダイトのために……『現代思想』2011 年 1 月号
就活のアンナ・R……同 2013 年 4 月号
婚活のネーション……同 2013 年 9 月号
苦役のサブカルチャー……『インパクション』195 号，2014 年 6 月
反社会的なもの……『現代思想』2012 年 2 月号

III

内乱のヒューマンストライキ……『現代思想』 2011 年 3 月号
未開の大学……同 2011 年 12 月号
外国語学習のエチカ……同 2012 年 4 月号
われわれの大学はストライキとともに……同 2014 年 10 月号

ワ行

ヤ行

ラ行

マ行

ナ行

ハ行

タ行

サ行

人名・作品名索引

著者紹介

白石嘉治（しらいし・よしはる）

1961年生まれ．上智大学ほか非常勤講師．『不純なる教養』（青土社，2010年），『ネオリベ現代生活批判序説』（大野英士との共編著，新評論，2005年／増補2008年），『文明の恐怖に直面したら読む本』（栗原康との共著，Pヴァイン，2018年），『統べるもの／叛くもの　統治とキリスト教の異同をめぐって』（新教出版社編集部編，新教出版社，2019年），マルク・クレポン『文明の衝突という欺瞞』（編訳，新評論，2003年）など．

青空と文字のあいだで

2022年4月25日　初版第1刷発行

著　者　白　石　嘉　治
発行者　武　市　一　幸

発行所　株式会社　新　評　論

〒169-0051 東京都新宿区西早稲田3-16-28
http://www.shinhyoron.co.jp
電話　03（3202）7391
FAX　03（3202）5832
振替　00160-1-113487

定価はカバーに表示してあります
落丁・乱丁本はお取り替えします

装丁　山田英春
印刷　理想社
製本　松岳社

ISBN978-4-7948-1208-7
Printed in Japan